DIE GEFLÜGELTE FERSE

Die geflügelte Ferse

Poetische Reiseskizzen und Reflexionen
von Matthias Müller-Lentrodt

*Meiner Frau Zara und unseren Kindern Lyra
und Raphael Georg in Liebe zugeeignet*

VERLAG

© 2021 Casanomade Verlag   ISBN 978-3-00-069662-6

Autor und Idee: Dr. Matthias Müller-Lentrodt (Emailkontakt: m.mueller-lentrodt@web.de)
Korrektur und Lektorat: Mag. Udo Kawasser, Wien
© Reise-Fotos und Berlin-Fotos: © MML = Matthias Müller-Lentrodt, Berlin
© Armenien-Foto (Norawank)= Rose Eisen, Berlin
(mehr Informationen zu der Fotografin auf: www. roseeisen.com)
Gestaltung und Layout: Zlata Pasalic, Berlin
Druck und Bindung: Booksfactory.de
Titelcover: Entwurf und Gestaltung (unter Verwendung eines Hermes-Motivs einer griechischen
Vase aus dem 5. Jh. v. Chr.): Zlata Pasalic, Berlin
Gesamtherstellung: Casanomade Verlag, Berlin
Verlag Casanomade Paulstr. 23 D- 10557 Berlin, www.casanomade-verlag.de
Steuernr.: 34/449/04519 FE 16 (Finanzamt Mitte/Tiergarten)

INHALTSVERZEICHNIS

VORBEMERKUNG:

„Geflügelte Worte" sollen hier, neben der landläufigen Bedeutung als homerisch inspiriertem Sinnspruch, als Worte verstanden werden, die auf Reisen geschrieben wurden und daher das Unterwegssein und die Ortsveränderung spüren lassen. Sie sind „geflügelt", weil sie selbst nur Zeichen der Kommunikation auf Reisen sind. Sie heben oft ab, bewegen sich in eine bestimmte Richtung und im besten Fall kommen sie beim Leser oder bei der Leserin an, sind also durch den Lesevorgang imaginär gereist und bei einem anderen Menschen hoffentlich gut gelandet.

Dieses Buch hat seinen Anfang auf meinen Reisen durch die Welt genommen. Es ist ein Versuch, über viele prägende Reisen zu schreiben, die Erinnerungen daran in nacherzählenden Berichten und verdichteten Stimmungsbildern wieder wach werden zu lassen. Die flüchtigen Aufzeichnungen, die unterwegs entstanden, in unzählige Cahiers notiert, auf „fliegende Papiere" oder in gebundene Notizbücher geschrieben, waren zu redigieren, zu ergänzen, zu aktualisieren und auf die Gegenwart hin zu beleuchten. Daraus ist im Prozess der Reflexion und Arbeit ein nicht nur erzählerisches, sondern auch essayistisches Buch über Reiseanstöße, Reisemotivationen und das Reisen an sich geworden. Es enthält eine persönliche Auswahl von besonderen Reisemomenten, Erlebnissen, Begegnungen, Spurensuchen, Skizzen des Reisealltags, aber auch von Gedanken, die nach einem erfüllten Reisetag entstanden sind. Es ist, aufgrund der Subjektivität aller Erinnerung und der Individualität der künstlerischen Gestaltung, ein bekenntnishaftes Buch geworden, das einen bedeutenden und nach wie vor sehr wichtigen Abschnitt meines bisherigen Lebens widerspiegelt. Man könnte es auch ein Manifest der erlebten Magie des Reisens nennen, die die Kraft hat, nicht nur im Augenblick zu bezaubern, sondern auch in der Rückschau, künstlerisch fruchtbar zu werden und fortzuwirken. Es sind nicht nur Reiseschilderungen, Beschreibungen des Gesehenen und des „Er-fahren-en" enthalten, sondern darüber hinaus wird auch die Veränderung der Wahrnehmung auf Reisen zum Thema. Was bleibt uns von unseren Reisen in Erinnerung? Nehmen wir sie zum Anlass, über unser eigenes Leben nachzudenken und im Alltag etwas zu verändern? Stellen wir am Ende lebensphilosophische Betrachtungen an? Oder reisen wir nur um oberflächlicher Zerstreuungen willen, um flüchtige Bilder von bereisten Orten mit anderen zu teilen? Wie kann es zu einer inneren Bereicherung führen? Bei meiner Vorstellung von einer „Kunst des Reisens" spielen existentielle Komponenten eine zentrale Rolle. Die besonders hochgestimmte, von Neugierde und Enthusiasmus getragene Zeit des Reisens als *tempus eximius vitae*[1] schreibt sich mit ihrem lebensbeflügelnden Elan und dem Überschwang des Widerfahrenen in unsere Daseinskurve, in die ununterbrochene Partitur der ständig sich verändernden Lebensabschnitte ein, hilft durch die fortdauernde Kraft der Erinnerung, in jedem beliebigen Moment unseres Lebens froher und mutiger zu leben und schenkt besonders in Krisenzeiten Trost und innere Freude. Wir zehren von unseren Reisen weit mehr als wir ahnen, mehr als wir uns eingestehen wollen. Die Reisen sind ein mächtiger Antrieb, „Lockvogel" und subtiler Katalysator unseres Lebens, sie verkörpern das Lebensprinzip schlechthin, das Öffnung, Metamorphose, fortwährende Wandlung bedeutet. Im Reisen ist alles ständig neu, in Veränderung begriffen. Es ist die auf eine bemessene Zeit konzentrierte Lebensspanne, die uns glücklicher macht und erfüllter, auch noch in der rückwärtsgewandten Form durch die Macht der *Mnemosyne*, der Muse der Erinnerung, die wir nie zu kultivieren aufhören dürfen. Denn sie ist die Quelle aller Literatur, der „Gesundbrunnen" unseres Bewusstseins.

Ich schreibe dieses Buch in einer Zeit, in der das Reisen noch komplizierter und unvorhersehbarer geworden ist und durch bisher kaum vorstellbare Einschränkungen, teils sogar mit direkten oder indirekten Reisewarnungen behindert oder durch strikte Auflagen reglementiert wird. Umso mehr sollen diese Texte aufatmen lassen, einladen zu vergangenen und imaginären Reisen, zu Reisen mit dem Kopf und den Augen, in der Hoffnung, dass in naher Zukunft vernünftige,

---

1   tempus eximius vitae = eine herausragende, besonders intensive Zeit des Lebens, die mit vielfältigen Erfahrungen gefüllt ist, daher qualitativ sich stark vom Alltag unterscheidet.

aber etwas andersgeartete, bewusstere Reisen wieder möglich sein werden, die vielleicht unter ganz anderen Vorzeichen stehen werden. Auch in Worten und Bildern können wir wunderbar unseren Geist und unsere Fantasie in andere Länder und Welten ausschwärmen oder auch unsere Reminiszenzen dichterisch wiederauferstehen lassen. Wie oft haben wir, im Abstand der Jahre und gerade in der nun einigermaßen überstandenen Krisenzeit, wo wir nur selten verreisen durften oder konnten, über unsere Reisen nachgedacht, aus welchem Gefühl auch immer! Tragen wir die „Botschaft" erlebter Reisen dankbar weiter und lernen wir sie für unser Dasein weiterzuentwickeln! Es ist zwar nicht so, dass erst die Reisen uns zu einem vollständigen Menschen werden lassen, aber wir werden durch unsere Reisen vielleicht zu dem Menschen, der wir sein wollten oder nähern uns dem Ideal eines freien und unabhängigen Menschen, der selbstbestimmt durch das Leben und die Welt geht, gerade weil wir uns dem Fremden und Anderen zuwenden und öffnen und unterschiedliche Kulturen und Sprachen in uns aufnehmen und wirken lassen. Denn auch auf Reisen geht es vor allem um eins: um Kommunikation und Verständnis, und darum, durch das freigebige Mitteilen sein Menschsein zu erweitern und es heiterer zu stimmen. Insofern ist Reisen im höheren Sinn eine „éducation humaine", eine Erziehung zur Menschlichkeit, zur Vielfalt und Toleranz. Das nähert sich vielleicht dem, was manche Autoren (Alain de Botton, Cees Nooteboom) die „Kunst des Reisens" nennen. Dieser ästhetischen und zugleich menschenverbindenden Kunst des Reisens fühlte und fühle ich mich immer noch verpflichtet, befürchte aber gleichzeitig, dass es für das Erlernen dieser Kunst möglicherweise eines ganzen Lebens bedarf.

Auf den folgenden Reisestationen sind Stimmungsbilder und Erfahrungsberichte aus Asien und Europa zusammengetragen. Es finden sich Spurensuchen nach dem Genius Loci, Versuche, das Gesehene und Erlebte festzuhalten, über die Bedeutung dessen nachzudenken und von Zeit zu Zeit auch zu philosophieren über Sinn und Unsinn des Reisens angesichts der Endlichkeit unserer Existenz. Im langfristigen Prozess des Sich-Bewusstmachens ist ein Zulassen und Verarbeiten der auf Reisen gemachten Erfahrungen entscheidend. Im Nachhinein stellt sich ein Gefühl von Dankbarkeit und Demut ein, immer wieder zur richtigen Zeit am richtigen Ort gewesen zu sein. Natürlich gab es Gefahrensituationen, in denen die Intuition, das Vertrauen auf ein Behütetsein überwogen hat, bei dem seelische Kräfte aus einer Glaubensgewissheit strömten, die einem Orientierung, Halt und Zuversicht geben konnte. Es kommt mir in besonders intensiven Momenten sogar vor, als ob wir auf Reisen von Kräften gelenkt werden, die uns entzogen sind, die uns unbedingt etwas Wertvolles, die Reise Überdauerndes vermitteln wollen. Sei es eine Erkenntnis, verhüllt in ein Gleichnis, das wir entschlüsseln sollen, oder eine besondere Bedeutung, welche sich uns erst in der Fremde erschließt und letztlich zu einer im Reisen sich klärenden, mutigen Selbsterkenntnis führt, die uns weiter bringt im Leben. Wir wollten das Andere, Fremde entdecken und am Ende entdecken wir dadurch uns selbst oder zumindest den besseren Teil von uns. Kann das Reisen in dieser Welt einen tieferen und schöneren Sinn annehmen? Schließlich mit der wachsenden Selbsterkenntnis inmitten der ureigenen, doch begrenzten Welterfahrung das Stirb und werde zu verstehen, dass Goethe in dem Gedicht *Selige Sehnsucht* beschworen hat und das uns bereit zu jenem letzten Aufbruch macht, den der Tod für uns alle bedeutet.

Was machte es aus, dieses beglückende Reisegefühl, wie schmeckte das verjüngende Elixier der Freiheit, die sich stets im Wechseln des Ortes neu erfand? Das ist vielleicht nur im Gedicht zu beantworten oder in einer anderen künstlerischen Form wie der Musik, dem Film oder dem Tanz. Jedenfalls erneuerte sich mit jedem bewusst erlebten Sonnenaufgang dieses frohe Gefühl des Aufbruchs, erwachte der Enthusiasmus, an einen besonderen Ort zu kommen, den wir lange in uns getragen und nun endlich erreicht haben, um dessen außergewöhnliche Schönheit und Ausstrahlung in einem unbeschwerten Gefühl der reinen Erfahrung aufzunehmen. Daher können wir nicht umhin, das Reisen in seiner ursprünglichen Motivation zu loben für dessen unbestreitbaren Wert, unser Leben auf einzigartige Weise zu bereichern, solange wir diesen Planeten bewohnen, den wir umso notwendiger und wirkungsvoller schützen müssen, wenn wir weiter zu reisen gedenken. Es ist schon jetzt abzusehen, dass sich durch die anhaltende Pandemie unser Reiseverhalten stark verändern wird. Der Druck des Klimawandels steigt immer bedrohlicher und wird gravierende Folgen auch auf Verkehr und Reiseindustrie haben. Doch die Reiselust wird so schnell nicht versiegen. Die Mittel zum Reisen und die touristischen Infrastrukturen sind auf fast dem ganzen Planeten vorhanden, vielleicht in naher Zukunft auch auf anderen Planeten. Millionen Menschen leben von den Reisen der anderen, die es sich leisten können, in andere Länder zu fahren oder zu fliegen, um die Freiheit der Bewegung und die Schönheiten des Lebens außerhalb der eigenen vier Wände zu genießen. Doch das ist ein anderes Thema, das wir an dieser Stelle nicht weiter vertiefen wollen. In diesem Reisebuch soll es eher um das Poetische des Reisens drehen, um dessen geistig-imaginäre Qualität und Kraft, die uns zu leben hilft. Daher, geschätzte® Leser-in, vertraue dich lesend und träumend der Reise durch dieses hoffentlich beflügelnde Buch an, lass dich führen über Seiten und Bilder, vergnüge dich am lebensatmenden Reigen der reisetrunkenen Wörter, in denen die Quintessenz des Schwärmens und Schweifens durch fremde Länder und Kulturen ein wenig spürbar wird! Bewege die feinen Botenstoffe im Kabinett der Gedanken und finde neue Nahrung zum Denken und Imaginieren! Lass dir dynamische Impulse geben, die Dich zu unbekannten Ufern, zu fernen Inseln oder Ländern weisen, oder an schon gesehene Orte erinnern, die Du nun aus einer anderen Perspektive kennenlernen wirst. Tauche ein, assoziiere Dich und Deine Sehnsucht, die dich leiten mag beim Blättern, Lesen, Fantasieren und Träumen! Wenn Du diese autobiografisch gefärbten Reiseannotationen mit Neugier liest, dem fragmentarischen Strom meiner Erinnerung zu folgen gewillt bist, wirst du doch am Ende dich selbst darin wiederfinden. Aus dem *Gedenke Mein* der bescheidenen Fahrten und Erlebnisse wird sich durch deine Fantasie, dein Verlangen und Bemühen ein *Gedenke Dein* entfalten. Als dein *Memento vivo* wird es dich hoffentlich fortan überall begleiten auf deinen eigenen Pfaden, die noch vor dir liegen. So genieße zunächst den frischen Fahrtwind, bedaure nicht das unaufhaltsame Fortgehen, das unserem Leben eignet, sondern lass dich in andere Himmelsrichtungen tragen, ohne noch zu wissen, wohin die Reise gehen soll! Mit Gewinn wirst du in diesen offenen

„Wortreisen" meine beweglichen Lebenslinien erkennen können, die nachzuzeichnen ich hier unternommen habe.

ERSTE REISEN

Jeder Mensch hat seine eigene Biographie, seine individuelle Lebens- und Familiengeschichte, in der die Reisen eine wesentliche Rolle spielen, da sie die Persönlichkeit vor allem des jungen Menschen erheblich formen und seinem späteren Leben neue geistig-kulturelle Horizonte öffnen. Es sind oft die ersten Begegnungen mit einem fremden Land und seinen Menschen, die über einen Sprachaustausch, meistens in der Schulzeit, eine vom eigenen Herkunftsland sich unterscheidende kulturelle und soziale Erfahrung bedeuten, die die Neugier auf das erlebte Land weckt, die Lust, sich dessen Sprache und Kultur noch umfassender anzueignen. So haben mich meine ersten Reisen nach Frankreich natürlich beeindruckt, aber später auch das Fundament gelegt für eine bis heute gepflegte Liebesbeziehung zur „Sprache Villons, Rimbauds, Baudelaires und Prousts" und der in ihr geschriebenen Literatur. Früh schon haben wir im Gymnasium das französische Chanson, eine Art nationales Kulturgut, entdecken und natürlich viele davon hören und singen dürfen. Meine Sommerreisen in die Normandie zur Schwester meines Vaters, die seit Ende der fünfziger Jahre in Frankreich lebte und arbeitete, haben mir viel von der Landschaft, der Architektur, Kunst- und Kulturgeschichte samt Kulinarik und Lebensart vermittelt. Erst durch diese Aufenthalte an der Côte Fleurie der Normandie in Blonville und später in Deauville entwickelte sich ein tieferes Interesse für die französische Literatur und Kunst. Wie der Zufall es wollte, lernte ich auch in einem dieser heißen Sommer in den frühen achtziger Jahren meine erste ernsthafte Freundin kennen, natürlich am Strand. Die drei Jahre jüngere Dame kam aus Lyon und verbrachte jeden Sommer mit ihrer Familie am gleichen Ort, so dass wir uns auch im folgenden Sommer wiedersahen. Schon früh gab es philosophische und literarische Themen, über die wir sprachen, in Französisch selbstverständlich. Im zweiten Jahr brachte ich meiner neuen „copine" eine französische Übersetzung der „*Bhagavâd Gîta*", einem philosophisch-theologischen Weisheitsgedicht des Hinduismus, mit, über deren Botschaften wir intensiv diskutierten. Ich hatte den Ehrgeiz, mein Schulfranzösisch in eine fließende Konversationssprache ausbauen zu wollen und mein Verhältnis zum anderen Geschlecht war damals noch jungfräulich. Das sollte sich erst ändern, als die den Eltern vorgestellte Freundin zu uns nach Hause eingeladen wurde. Zufälligerweise standen gerade die Abiturprüfungen bevor, auch in Französisch, was mir einen ungeahnten Schub gab bei der Bewältigung dieser Aufgabe, die ich auch dank meiner literarisch beschlagenen Freundin mit Erfolg krönen konnte. Warum sich unser Französisch-Lehrer ausgerechnet „Le Petit Prince" von Antoine de Saint-Exupéry für das schriftliche Examen ausgesucht hat, weiß ich bis heute nicht. Ich erinnere mich aber, dass es mir besonders leichtfiel, auf die Verständnisfragen zu antworten, da es zum Teil um philosophische und allgemeinmenschliche Einsichten ging und ich durch die langen Unterhaltungen mit Hélène ganz im Konversationsfluss der französischen Sprache war, die mir ebenso locker von den Lippen ging wie sie auf die Prüfungsseiten floss. Die Geschichte des „Kleinen Prinzen" begleitete mich auch bei meinem Gegenbesuch in Lyon, der Geburtsstadt des großen Dichterpiloten, nach dem Abitur im Frühsommer 1984. Dort erwartete mich eine Reifeprüfung der galanten, sentimentalen Art, die einer verwickelten amourösen Beziehung. Die Familienverhältnisse meiner Freundin waren etwas kompliziert, hielten mich aber nicht ab, allein oder in Begleitung die Altstadt, „le Vieux Lyon", das Saint-Jean-Viertel, den Fourvière-Hügel und den Parc de la Tête d'Or zu erkunden.

Von Lyon reisten wir mit den französischen Gasteltern ins benachbarte Burgund, zu dem bei Mâcon gelegenen Schloss Monceau, dem ehemaligen Wohnsitz des großen romantischen Dichters Alphonse de Lamartine (1790-1869), und zu seinem Geburtshaus in Milly-Lamartine. Daraus wurde eine sehr persönliche Begegnung mit dieser vielseitigen, auch politisch aktiven Persönlichkeit und damit eine der ersten literarischen Spurensuchen im Land Victor Hugos und George

Sands. Eines der ersten Gedichte Lamartines, das ich übersetzte, war „*Le papillon*". In der letzten Strophe vergleicht der Dichter den an den Blüten sich berauschenden Schmetterling mit dem ruhelosen Schicksal des Menschen, der nach flüchtigem Vergnügen und Glück verlangt.

> Das ist des Schmetterlings Geschick, bezaubernd durch die Anmut!
> Es gleicht dem Wunsch, der rastlos suchend, niemals ruht
> und alle Dinge sanft berührt, ohne je sich zu genügen
> und schließlich in die Himmel fliegt zu ewigem Vergnügen.

Unter seinen Liebes- und Naturgedichten, die unter dem Titel „*Méditations poétiques*" 1820 erschienen und ihn bekannt machten, ragt das Reisegedicht „*Le lac*" („Der See") heraus mit seinem berühmten Auftakt: *Ainsi, toujours poussés vers de nouveaux rivages* („So immer wieder getrieben an neue Gestade..."). In dem Gedicht wird die melancholische Erinnerung an die Flüchtigkeit des Lebens und der Liebesfreuden in ergreifenden Versen besungen. Die darin geschilderte Liebesgeschichte ist mit Aufenthalten Lamartines und seiner Muse und Geliebten Julie Charles am Lac du Bourget bei Aix-les-Bains in Savoyen verbunden. Das Schwinden der Zeit, das am Ende der ersten Strophe: *Ne pourrons-nous jamais sur l'océan des âges jeter l'ancre un seul jour?* („Werden wir nie im Ozean der Zeiten einen Tag lang Anker werfen?") beklagt wird, bedingt die Unmöglichkeit, im ständig sich verändernden Raum, also besonders auch auf Reisen, dauerhaft „vor Anker gehen zu können". Alles ist nur vorübergehend in unserem Leben, das von seiner Natur her dem Reisen gleicht. Sobald wir in einen Hafen einlaufen, ertönt schon gleich wieder das Signal zum Aufbruch. Wir vermögen nicht zu bleiben, nirgends und niemals, und wir sollen offensichtlich auch nicht stehenbleiben.

Schon der schlesische Arzt und Mystiker Angelus Silesius (d.i. Johannes Scheffler, 1624-1677) mahnte in den tiefchristlichen Alexandriner-Sinnsprüchen seines Buches „*Der cherubinische Wandersmann*":

Freund, so du etwas bist, so bleib doch ja nicht stehn:
Man muß aus einem Licht fort in das andre gehen. [2]

Seitdem ich am Ende einer Reise durch das heute polnische Niederschlesien vor dem von einer Engelsskulptur beschirmten Denkmal des Barockdichters im beschaulichen Rosengarten hinter der heutigen Matthias-Kirche (in deren Krypta er beigesetzt wurde) in Breslau andächtig verweilte, dient mir dieses Distichon als Leitspruch, der sich mir ins Gedächtnis eingebrannt hat. Sein Sinngehalt deckt sich zum Teil mit der Botschaft des vielzitierten Lebensgedichts „*Stufen*" von Hermann Hesse.

Eine der frühesten Reisen, die ich als Student machen durfte, ging nach Spanien, auf die Balearen, damals noch mit der Bahn bis Barcelona, von dort aus mit dem Fährschiff nach Palma. Es war eine lange Abenteuer- und Wanderreise und begann mit der Überfahrt als blinder Passagier auf dem Schiff, wo ich oben an Deck auf einer Bank schlafend die Nacht verbrachte. Nie vergesse ich den ersten Anblick der Küste Mallorcas in der Morgendämmerung, die Fahrt entlang der malerischen Steilküste im Osten und die Ankunft im Hafen von Palma, über dem sich die mächtige Kathedrale am Rand der Altstadt erhob. 1986 erlebte ich diesen berauschenden Frühling auf der Insel, von dem ich unterwegs in flüchtigen Skizzen einiges festgehalten habe. Von diesen frühen Aufzeichnungen habe ich die folgende ausgewählt und an den Anfang der jugendlich-romantischen Wanderreisen und Entdeckerfreuden gesetzt.

---

2   Zit. n. Angelus Silesius: Der cherubinische Wandersmann. Hg. v. Erich Brock. Diogenes Verlag Zürich 2006. Hesses Gedicht „Stufen" ist nachzulesen in der Sammlung Das Lied des Lebens. Die schönsten Gedichte von Hermann Hesse. Hg. v. V. Michels, S. 197.

WANDERER IN ALFÀBIA AUF MALLORCA   April 1986

Wenn man das Tramuntana-Gebirge bei Bunyola hinter sich gelassen und an den bukolisch anmutenden Schafweiden mit ihrem leuchtenden, verjüngten Grün sich sattgesehen hat, gelangt der Wanderer in ein Gartenreich, in dem die Üppigkeit der exotischen Vegetation einen Höhepunkt erreicht.

Nach Alfàbia führt eine schlichte, von Ölbäumen gesäumte Landstraße, die durch die Nähe der Berge bedingt in eine Art Geborgenheit der Landschaft mündet. Inmitten dieses geschützten Naturreservats liegen die Gärten von Alfàbia. Man spaziert durch eine lange Platanenallee, die von betörenden Düften erfüllt ist, bis zu einem Quellbrunnen, hinter dem sich die Eingangspforte zum ehemaligen Landgut und seinen maurischen Gärten befindet. Über einen moosbewachsenen Felsen, unter dem sich glatt eine Nymphe verbergen könnte, tröpfelt ein Rinnsal hinab in ein Becken, in dem sich das sprudelnde Wasser sammelt. Die Fächer der Palmen dehnen sich schattend über einen langen Wasserlauf. Erwartungsvoll lenke ich meine Schritte in die windigen Gärten, die ein Duft von Orangenblüten durchzieht. Singvögel schwirren erregt in den Bäumen umher. Ein Laubengang, dessen Stützpfeiler von Efeu und Glyzinien überrankt sind, verläuft abwärts in die Tiefe der Gärten, die ursprünglich im zwölften Jahrhundert von arabischen Architekten angelegt wurden. Diese werden durch eine ausgeklügelte Bewässerungstechnik, wie wir sie aus dem Orient kennen, mit Wasser versorgt, das zum Teil aus den Bergen kommt, durch schmale Kanäle strömt und in Becken oder Grotten aufgefangen wird. In Treppenstufen, die von Mauern gebildet werden, fällt das unebene, teils von Zypressen bestandene Gelände terrassenartig ins Tal ab. Sonnige und schattige Plätze und Bänke wechseln einander fast regelmäßig ab.

Die Gärten wurden nach den Wünschen eines maurischen Wesirs namens Ben Abet gestaltet, der seiner Zeit in einem angeschlossenen Herrenhaus residierte, das durch die nachfolgenden Besitzer mehrfach umgestaltet wurde. Manchmal fühlt man sich an persische Paradiesgärten wie jene von Schiras oder an die Gärten des *Generalife* in der Alhambra von Granada erinnert, insbesondere beim Begehen der

Springbrunnen-Allee und beim Verweilen an den Brunnenkünsten. Man kann in diesen Gärten lustwandeln, seltene Düfte einsaugen und darin schwelgen in Augenblicken von beinahe elysischer Heiterkeit.

Um die Poesie des mallorquinischen Frühlings gebührend zu feiern, hatte ich einige Hirtengedichte aus den **Bucolica** Vergils in ein Heft geschrieben und auf die Reise mitgenommen, um sie auswendig zu lernen. Auf einer Bank im Schatten beim plätschernden Brunnen sitzend las ich die erste Ekloge, die ich zu übersetzen versuchte. Sie beginnt mit diesen Versen:

> „Tityre tu patulae recubans sub tegmine fagi
> silvestrem tenui musam meditaris avena" (...)

> „Tityrus, du ruhest unter der schattigen Buche Dach und bläst der Waldeslust ein Lied auf deiner Hirtenflöte."

Erst kurze Zeit vor meiner Reise hatte ich in Heidelberg mein großes Latinum gemacht und viel römische Lyrik in zweisprachigen Ausgaben gelesen. Vergil war mir dabei sehr ans Herz gewachsen, noch mehr auf meinen späteren Italienreisen, wo ich in Piedigrotta bei Neapel die einsam gelegene Grabkammer in der Nähe des Sarkophags von Leopardi aufsuchte, in der die sterblichen Überreste Vergils vermutet werden.

Unterdessen fiel ein leichter, kurzer Regenschauer, der nicht nur im Frühjahr als segensreich empfunden wird. Der Horizont lichtete sich aber nach Westen hin bald wieder auf. Durch die dichten Wolken schien erst ein wenig Himmelsblau, dann ein silbriges Licht hindurch. Endlich entfaltete sich die Pracht dieses hellgleißenden Balearen-Lichts und goss sich verschwenderisch aus über die erfrischte Natur. Auf den fächerartigen Blättern der Palmen zitterte die kräftige Nachmittagssonne, während auf die teils im Schatten stehenden Apfelsinenbäume eine Lichtkaskade nach der anderen niederging. Die Flora in diesen maurischen Gärten samt deren Anpflanzung mutete exotisch an und hat sich einen Schimmer vom alten

Gärten von Alfabia. Mit Dank a. d. Website: www.mallorca-fotobox.de

Orient und damit auch vom Paradies bewahrt. Die Zitronenhaine dufteten ver-
führerisch, und ich bekam große Lust auf einen frischen Saft aus der leuchtenden
Zitrusfrucht. Inmitten des benachbarten Orangenhains fiel mir eine sonderbare
Palme durch deren orangefarbene Pollentrauben in der Krone auf, die mit den
Farben der Früchte harmonierten. Ich hätte gern gewusst, wie diese sonnenver-
wöhnten Palmen hießen. Doch so blieb es mir ein botanisches Geheimnis, dass
mich zu noch intensiverem Staunen anregte. Ich glaube, manchmal machen wir
den Fehler, allem Unbekannten gleich einen Namen geben, es sofort katalogisie-
ren zu wollen. Damit entheben wir es dem mystischen Raum unserer Wahrnehmung und setzen uns in eine Distanz, die nicht zuletzt der Fotoapparat und das
Smartphone schaffen, durch deren Linse die meisten Touristen die Schönheiten
dieser Welt betrachten. Gegen das Fotografieren ist prinzipiell nichts einzuwen-

den, wenn dem Ablichten eine Auseinandersetzung mit dem Gesehenen vorausgeht, das man sich angeeignet und in ein Erlebnis verwandelt hat. Können wir als neuzeitlich-wissenschaftlich gebildete Menschen immer noch innige Zwiesprache mit der Natur pflegen im Sinne einer mystischen Verschmelzung mit Blumen, Pflanzen und tierischen Lebewesen und den die Natur beherrschenden Elementen? Dann dürften wir eigentlich nichts dazwischen stellen, was die Lebendigkeit der Natureindrücke beeinträchtigt. Dabei frage ich mich, ob das Schreiben und Dichten nicht auch eine Distanz schafft? Doch welche Art von Distanz? Ist es nicht eine kontemplative Entfernung, die dazu dient, das Bewusstsein vom Schönen und Außerordentlichen durch die sprachliche Verdichtung zu wecken? Hat diese Art von Abstraktion auch noch eine andere Funktion, nämlich, erlebte Augenblicke in der Natur im dichterischen Wort zu verewigen?

Alles Gesehene wird im Nu Vergangenheit, Erinnerung, doch könnte die dauerhafte Betrachtung zu einer intensiveren Vergegenwärtigung des Schönen führen und uns dessen wirklich teilhaftig werden lassen, da das Glück des Erlebens noch lange Zeit nachwirkt. In den „*Capriccios*" von Ernst Jünger und insbesondere in seinem Buch „*Das abenteuerliche Herz*", das ich nach Mallorca mitgenommen hatte, finden sich Texte, die der wandernde Autor unterwegs notiert hatte. Einer seiner Texte trägt den Titel „Balearische Gänge", wo dem Wanderer in Pollensa im Norden Mallorcas eine besondere Epiphanie der Schönheit begegnete. Jünger schreibt von der eigentümlichen Aura, die jeder Mensch besitze, in die die Bilder der Natur eindrängen und dadurch eine atmosphärische Wandlung erführen. Durch das Zulassen dieser Offenheit würden wir, mit Jüngers Worten, reif für eine wie auch immer geartete „Vermählung und Zeugung mit der Welt".

Wenn ich mich heute an diese Reise erinnere, ist es vor allem das überwältigende Erlebnis des Frühlings und der aufblühenden mediterranen Flora, das mir auch deshalb so gut im Gedächtnis geblieben ist, weil es die eine oder andere dichterische Ekstase auslöste, wenn ich allein war oder Arien von Puccini inspirierte, die ich zusammen mit einem peruanischen Operntenor sang, den ich in Palma kennengelernt hatte und der mich auf mehreren Wanderungen begleitete. Im Tal vor Valdemosa war mir der Frühling als reinigende Offenbarung in der Natur zuteilgeworden. Nur wenige, im Überschwang erfüllter Augenblicke gekritzelte, romantisch begeisterte Prosagedichte, die ich dann zu Hause fertigstellte, zeugen noch von dieser sinnlichen Fülle der Erfahrung auf dieser Reise durch Spanien und Portugal. Es war eine Fülle, die ungebremst in mich hineinströmte mit einer damals noch unbekannten, fast heiligen Gewalt und Intensität. Daraus folgt ein kurzer Ausschnitt, den ich so beließ, wie ich ihn damals mit 21 Jahren verfasste: *Manchmal scheinen mir Schwingen aus Lust zu wachsen; am lichten Grün, das meine Augen weidet, kann ich nicht satt mich schauen; der Silberblick der Sonne auf den Blättern ist das Lichtgedicht, in dessen Silben sich der Seele Flug verdichtet.*

So war diese Reise, im Nachhinein betrachtet, wie eine innere Wiedergeburt, ein zweites Zur-Welt-Kommen auch im geistig-musischen Sinn. Dafür gab es natürlich einige Paten, zuallererst den Dichter Saint-John Perse mit seiner kosmisch-maritimen Weltdichtung, aber auf Mallorca auch Frédéric Chopin, auf dessen Spuren ich damals auch die Insel bereiste. Kurz vor der Reise hatte ich einen inspirierenden Dokumentarfilm gesehen über die Reise von Chopin und seiner Dichterfreundin George Sand und deren zunehmend dramatischen Verlauf (Mallorca war damals im Kriegszustand, und der Winter wurde durch die schwere Erkrankung Chopins zu einem Alptraum). Ein Kamerateam war über die Insel gereist und hatte die Aufenthaltsorte in Palma, das Haus „Son Vent" und Valdemosa besucht, während einige der auf Mallorca komponierten „24 Préludes" eingespielt und Briefauszüge der beiden Künstler zitiert wurden. Seitdem habe ich immer wieder diese Gedichte für Klavier gehört, die der Komponist im Winter 1838-1839 in einer zu Wohnzwecken umgestalteten Mönchszelle des ehemaligen Kartäuserklosters von Valdemosa überarbeitet und fertiggestellt hatte. Die „Préludes" haben die Naturbilder und Empfindungen dieser Apriltage häufig in mein Gedächtnis zurückgerufen und am Leben erhalten.

Die überhaupt erste, für mich elementar wichtige Dichterreise war die Wanderung zu Fuß durch die Provence, die ich allein mit Rucksack zum Frühlingsanfang im März 1985 unternahm. Nicht selten schlief ich draußen im Freien

Fontaine-de-Vaucluse: Die Sorgue und das Petrarca-Museum. Mit Dank an die Website: www.vaucluse-provence-pass.com

neben dem Maisfeld, wie in den „Kleinen Alpen", den „Alpilles", die ich durch-querte, oder in Jugendherbergen, die um diese Jahreszeit noch fast leer waren. Es gab aber auch Begegnungen mit Menschen, die ich unterwegs traf und die mir ein Privatquartier anboten, wie in Gordes, wo ich einen deutschen Auswanderer kennenlernte, der mich bei sich aufnahm. Es sind kostbare Erinnerungen, nicht nur an großartige Landschaften, sondern auch an wertvolle menschliche Kon-takte und Erlebnisse, die in mir bis heute äußerst lebendig geblieben sind. Auch hier schätze ich mich glücklich, dass ich alle Notizen, Dichtungen und Überset-zungen, die ich während der drei Wochen niederschrieb, in einem gelben fran-zösischen Cahier von Monts d'or gesammelt habe. In dem besagten Frühjahr schrieb ich gerade an einem mythologisch verkleideten Liebesdrama, in dem die Geschichte von Paris und Helena in eine überzeitliche Dimension gehoben werden sollte. Das Versdrama in fünffüßigen Jamben blieb unvollendet, aber viele Szenen und Monologe sind damals in der Provence, überwiegend im Freien gedichtet worden, inspiriert von Landschaften des Lubéron und des Vaucluse. Als Arbeitstitel schwebte mir „Der Liebeskosmos" vor, das Universum der Liebe, nicht mehr und nicht weniger. An zu wenig pathetischem Impetus, was meine dichterische Berufung anging, litt ich in den frühen Wanderjahren nicht. Einer der ersten Orte, die ich in der Provence ansteuerte, war das fast mythische Fontaine-de-Vaucluse. Natürlich schuldete ich es Petrarca, der sich vom Trubel des Hofes in Avignon zurückgezogen hatte in die Einsamkeit des „verschlossenen Tals" (= Vaucluse) nach Fontaine de Vaucluse, wo die Quelle der Sorgue entspringt. Der Dichter weilte nach 1340 bis zu seiner Rückkehr nach Italien dreizehn Jahre später immer wieder zu Studien und zum Dichten in Vaucluse und schrieb dort auch seine berühmten Sonette am Madonna Laura. Bis heute wird in einem bescheidenen Landhäuschen an den Ufern der Sorgue, das wohl nicht mehr ganz aus Petrarcas Zeit stammt, der Kult um die unglückliche Liebe zwischen Petrarca und Laura in Ausstellungen, Lesungen, Zeichen- und Schreibkursen erfolgreich zelebriert. Die Sonette werden um die Wette rezitiert, und manche junge Frau soll seufzend am Fenster des „Musée Pétrarque" gestanden, auf den glitzernden Fluss hinausgeschaut und die hinreißenden Liebesverse in ihrem Herzen bewegt haben. Die intensive Lektüre der Dichtung des Aretiner Poeta Laureatus ging auch bei mir mit dem Naturerleben der frühlingsverjüngten Flusslandschaft um den Quelltopf der Sorgue einen poetisch fruchtbaren Bund ein. Es entstanden einige erotische Gedichte und Liebesszenen an den idyllischen Ufern, und noch wusste ich nicht, dass ich zwölf Jahre später, also 1997, mit meiner persischen Malerfreundin aus Paris nach Vaucluse zurückkehren sollte, um dort die besungenen Orte noch einmal in neugierig gespannter Zweisamkeit zu erleben. Doch war das erste Ur-Erlebnis dieser grandiosen Fels- und Flusslandschaft nicht mehr zu wiederholen. Nur die Erinnerung an den markanten Duft verbrannten Holzes, der mir vor allem nachts aus dem wilden Tal von Vaucluse entgegenwehte und in die Seele drang, war wachgeblieben. Ich schrieb ein Gedicht über diese begeisternden Frühlingsnächte, wo ich den Berg hinauf zur alten Burg gestiegen und mit den fast greifbar nahen Sternen in poetische Zwiesprache getreten war. So war von den Begeisterungsstürmen der Jugend wenig geblieben im fortgeschrittenen Alter. In etwas elegischer Stimmung musste ich an die Verse des großen Humanisten aus dem 61. Sonett des „*Canzoniere*" denken:

> „La vita fugge, e non s'arresta un'ora;
> E la morte vien dietro a gran giornate;" [3]

Es war nicht der einzige Versuch, in dieser Gegend von Vaucluse mit einem Dichter der Vergangenheit in Berührung zu treten. Auch René Char [4] (1907-1988) las ich damals und suchte in Le Thor und Isle-sur-Sorgue nach seinen Lebensspuren. Ich erinnere mich, dass die Geburtsstadt des großen Résistance-Dichters zwar damals einige Gedichte und Auszüge aus Prosatexten im Stadtraum ausgehängt hatte, in denen von Orten, die dem Dichter besonders wichtig waren, die Rede war. Dennoch ist Chars rätselhafte, schwer zu verstehende Dichtung scheinbar nie wirklich populär und präsent gewesen in diesem pittoresken Ort. Char gehörte zeitweilig der Gruppe der Surrealisten an und ging wie Eluard 1940 in den Widerstand gegen die deutsche Besatzung beziehungsweise schloss sich dem Untergrund an. Seine Dichtung ist eine engagierte Poesie, die irritieren will: *La réalité sans l'énergie disloquante de la poésie, qu'est-ce?* („Ohne die zerschlagende Kraft der Poesie - was ist da Wirklichkeit?") Viele Prosagedichte von Char kennen wir aus der feinen Übersetzung von Paul Celan, der dessen „*Feuillets d'Hypnos*" und andere Dichtungen schon Ende der fünfziger Jahre

---

3   Zit. n. Francesco Petrarca: Sonette an Madonna Laura. In der Nachdichtung von Leo Graf Lanckoronski: „Das Leben flieht, es kann die Zeit nicht weilen, Voll Ungeduld belauert uns der Tod." Reclam Verlag Stuttgart 1980, S. 75.

4   René Char: Au-dessus du vent (Hoch überm Wind), in R. Char: Die Bibliothek in Flammen und andere Gedichte. Gedichte französisch-deutsch. Frankfurt a.M. 1992, S. 230.

ins Deutsche übersetzte und damit einen wesentlichen Beitrag zur Kenntnis von dessen Werk in Deutschland leistete. Auch später führten mich solche literarischen Reisen nach Südfrankreich, sei es nach Lourmarin an den Begräbnisort von Albert Camus, sei es an die Côte d'Azur zu Saint-John Perse.

AUF DEN SPUREN DER DICHTER
Am Grab von Saint-John Perse auf der Presqu'île de Giens bei Hyères
Sommer 2010

Gestern waren wir auf dem Friedhof von Giens, der etwas unterhalb des Ortes auf der Halbinsel von Giens, unweit von Hyères, liegt, um das Grab des großen französischen Dichters Saint-John Perse zu besuchen. Gleich neben dem Haupteingang, rechts an der Friedhofsmauer, befindet sich das schlichte, schmucklose Granitgrab des Lyrikers, dessen bürgerlicher Name neben dem Dichternamen in Marmorlettern in den Stein eingraviert ist: keine Blume, kein Gesteck, keine Kerze, kein Zeichen der Verehrung oder des Gedenkens, das diesen länglichen Grabstein ziert, fast ernüchternd auf den ersten Blick und etwas fremd, da das Grab sich deutlich abhebt von den mit bunten Keramik-Bouquets geschmückten Gräbern der Bürger und Bürgerinnen des Ortes. Er war ein Zugereister, von weit her kommend, von den Kleinen Antillen, geboren in Pointe-à-Pitre, aufgewachsen auf einer kleinen tropischen Koralleninsel mit dem poetischen Namen Saint-Léger-Les Feuilles bei Guadeloupe, die seiner Familie, alteingesessenen Aristokraten, gehörte. Er war schon als Elfjähriger mit seiner Familie nach Pau in die Pyrenäen ausgewandert, dann nach einem Studium der Rechte in Bordeaux in den Auswärtigen Dienst eingetreten, wo er in den zwanziger Jahren die rechte Hand des damaligen Außenministers Aristide Briand wurde. Schließlich, nach dem Zweiten Weltkrieg, kehrte er nach siebzehn Jahren Abwesenheit wieder zurück nach Südfrankreich, pendelnd zwischen Washington, wo er immer noch in diplomatischem Dienst stand, und dem südfranzösischen Giens.

Als langjähriger Leser und Kenner seiner Dichtung versteht man sofort, warum es ihn hierhergezogen hat. Die Iles d'or vor der Halbinsel von Giens gleichen mit ihrer üppigen Vegetation, den Palmen und exotischen Gewächsen den karibischen Eilanden seiner Kindheit. Schon von ihrem Namen her sind die „goldenen Inseln" mediterrane Schöpfungen, die Freude und Heiterkeit inspirieren, die Lust an der Schönheit, an südlicher Sonne, am Zusammenspiel des Lichts und der Elemente in allen Erscheinungen wecken. Sein tropischer Traum mag hier noch einmal südfranzösische Gestalt angenommen haben, wenngleich er hier als Außenseiter gelebt hat. Obwohl er von den meisten Bewohnern missachtet wurde, auch heute noch dort verkannt ist, so war er doch in der französischen Sprache wie wenige zuhause, wie seine Dichtungen beweisen. Noble amerikanische Freunde hatten ihm ein Sommerhaus angeboten, wo er schließlich die Hälfte des Jahres verbrachte. Dennoch blieb Saint-John Perse der große Fremdling, der Einsame, Unbekannte, auch nach 1960, als er den Nobelpreis für Literatur bekam; der Ruhm vermehrte nur die Missverständnisse um seine Person. Er ließ sich davon nicht beirren, gehorchte weiterhin seiner Berufung, Dichter zu sein, der Poesie zeitlebens zu dienen, wie ein Mönch seinem Gott dient und ihn täglich besingt. So hat er das Lob des Universums angestimmt und weit ausgeholt, das zahllose Repertoire der Pflanzen, Tiere und Lebewesen, der Vögel vor allem, der Winde und Gezeiten in immer neue poetische Namen und Hyperbeln gekleidet. Er sei ein „Rhapsode des Seins", meinte einer meiner verehrten Heidelberger Lehrer, der „Übersetzer-Papst" Fritz Paepke, als wir Mitte der achtziger Jahre über meine Übersetzung des frühen Prosagedichts *Pour fêter une enfance-Einer Kindheit zur Feier* korrespondierten. Es war eine Arbeit, die ich ein Jahr später dann dem bekannten Perse-Übersetzer Friedhelm Kemp vorlegte, der mir daraufhin einen mit kritischen Anmerkungen versehenen Korrekturbrief schickte. Es ging um spezielle Wendungen und Begriffe, die im Deutschen nicht so leicht wiedergegeben werden können. In meiner Ausgabe der *Winde* stehen heute noch von Perse' Gesängen inspirierte Verse und Zeilen, die ich damals schrieb, abwechselnd in Deutsch und Französisch, wie *der Himmel ist wie eine große Harfe* und andere hymnische Worte. Ich erinnere mich an fast ekstatische Zustände beim Lesen und Rezitieren von faszinierend-klangvollen Passagen aus *Vents* (Winde) und *Anabase*, während ich unterwegs in Portugal, von südlichem Licht trunken und dem Frühlingserwachen in der Landschaft bei Alcobaça vollkommen hingegeben, entweder selbst dichtete oder mich an melodischen Versen wie jenen aus *Vents* berauschte:

> Je mènerai au lit du vent l'hydre vivace de ma force, je fréquenterai
> le lit du vent comme un vivier de force et de croissance. Les dieux
> qui marchent dans le vent susciteront encore sur nos pas les acci-
> dents extraordinaires. Et le poète encore est avec nous ( ) s'en aller!
> s'en aller! Parole de vivant. [5]

Darunter stehen meine von solchem Elan beflügelten Zeilen:

> Und irgendwann in den reinen Regionen des Staunens lachen Dir
> Wunder, und deine Seele blaut im Anflug der Wolken und Winde…

Alles das auf Reisen erlebt zu haben und im Niederschreiben des Erlebten und im Wiederlesen des Geschriebenen zu erneuern, ist eine Glückserfahrung, die zwar vergangen scheint, sich aber jedes Mal wieder einstellt, sooft ich daran denke.

So wie ich es damals im Sommer 2010 in Hyères, auf den „glückseligen Inseln" von Porquerolles und Port Cros erlebt und festgehalten habe:
Was ich hier unmittelbar empfinde, ist, dass jeder Augenblick, jede Stunde, die wir

---

5   Zit. n. Saint-John Perse: Oeuvres complètes, Vents I-7. Bibliothèque de la Pléiade, S. 196. In der Übersetzung von Friedhelm Kemp: Will ich im Bett des Windes hinführen die zähe Hydra meiner Kraft, will ich das Bett des Windes besuchen wie einen Brutteich der Kraft und des Wachstums. Die Götter, die im Winde schreiten, werden wieder das Außerordentliche erregen auf unseren Schritten. Und der Dichter ist wieder mit uns. (...) Fortgehen! Fortgehen! Wort des Lebendigen. Zit. n. Saint-J. Perse: Dichtungen. Französisch und Deutsch. Hg. v. F. Kemp, Darmstadt 1960, S. 295.

hier genießen, ein Gewinn für das jetzige und noch kommende Leben ist; das Licht,
die paradiesische Natur, die offenen Menschen der Mediterranée machen Lust auf das
sinnliche, das der Natur sich hingebende Leben, auf die wahrhafte Reise der Augen
zum Schönen, wo immer es sich offenbaren will. Die Überzeugung reifte, dass Herz,
Sinne und Verstand nicht wirklich voneinander geschieden sind und im Erleben und
Anschauen eine wunderbare und kraftvolle Harmonie eingehen.

Beim Verweilen am Grab dieses Dichters bemerkte ich, wie ein Falter sich
auf dem Grabstein niedergelassen hatte. Ist es nicht der Schmetterling, der in
der mythischen Vorstellung als sichtbarer Zeuge der Gegenwart von Verstorbenen gedeutet wird? [6]

Grab v. Saint-John Perse in Giens bei Hyères. © MML 2010

---

6   Möge seine Poesie weiter in uns leben! „Et le poète encore est avec nous! Que l'esprit solonnel
du poète et de sa poésie restent toujours avec nous! Avec sa clarté immortelle!"(d.V.)

REISEREFLEXIONEN IN MEDITERRANEN GEFILDEN

Welche Spuren aber lassen wir im Gedächtnis dieser Welt, im Resonanzraum der Zeit und vor allem in den Herzen der Menschen, die uns kannten, mit uns lebten? Wie vermag ich das Unsagbare zu retten und zu bewahren, dass mich im tiefsten Inneren erregt und bewegt hat? Wie kann ich die Bilder, die ich in mich

Mediterrane Küstenlandschaft- Halbinsel v. Giens. © MML 2010

aufnahm, in Wort und Klang nachzeichnen? Worte, die beseelten, erheiterten, beflügelten, alles das, was mich belebte? Leben in mir erweckte? Gesichter, Räume, Länder, durch die ich reiste, wie kann ich sie wieder nachbilden in mir, aus den Bruchstücken des Erinnerten, des in mir Verbliebenen evozieren? Wie kann ich dem Geheimnis der Erinnerung des Schönen einprägsame Worte entlocken, die auch nachfolgenden Generationen die kostbaren Erfahrungen als persönliche Quintessenz des Seins vermitteln?

Silbernes Licht flirrte auf den Blättern des Olivenbaumes, in dessen Schatten wir zur Ruhe gekommen sind. Der Mistral wehte durch die Wipfel der Seepinien, die noch lauter rauschten als das immer wieder aufschäumende, tiefblaue Meer. Die Zikaden zirpten ununterbrochen, ein paar Menschenstimmen mischten sich von Zeit zu Zeit in das mächtige, fast grausame Brausen des Mistrals, der alles Lebendige durchfuhr und ergriff.

Mediterrane Reminiszenz

O dass es tiefer blaute
Erlösendes mythisches Meer
Mediterranée perdue dans l'infini
O dass es leuchte durch die Seele

Südliche Küste in gleißendem Licht
Von Pinienduft gewürzte Luft
Agaven Garrigue und Oleander
Sie blühen und wachsen an Hängen hinauf
Wo verborgen der Felsen Abgründe lauern
Und spitze Klippen aus den Schluchten ragen

Wir schauen heiter in entrückte Räume
Auf Horizonte die der Himmel vor uns aufgetan
wo Segel wie weiße Punkte verschwimmen

Zikaden zirpen grell der Mittag glüht
Die Macchia schläft der Mastix schwelt und schimmert

Den Pfad hinab zum Strand gerannt
Entblößt im Sand versanken wir
Bis uns das Meer empfing
Fast aufgelöst und schwerelos im Zwischenreich
im Himmelsspiegel taumelten wir bis zum Grund

Die Zeit verrann aus offenen Poren
Schien im Rausch noch reicher zu vergehen
Wir hofften Neues zu gebären Ewiges zu nähren
Aufzufahren aus dem Schattengrab ins Licht

AUF DEN SPUREN VON WILLIAM BUTLER YEATS IN SLIGO

Den Turm, den der irische Dichter William Butler Yeats zehn Sommer lang be-
wohnte, sieht man schon von weitem inmitten einer wunderbar unberührten
Natur. Am *Yeats Tower*, im Irischen *Thoor Ballylee* genannt, plätschert ein Bach
vorbei, und ringsherum erstrecken sich Weiden, auf denen Schafe und Kühe
grasen. Es ist ein idyllischer Flecken Erde, der tatsächlich das vermittelt, was Yeats hier suchte: Frieden, Zurückgezogenheit auf seinem Landsitz, um in Ruhe
dichten zu können, zu schöpfen aus einer naturbezogenen, reinen Inspiration,
die dieser romantische Ort noch heute atmet. Es war eine abgelegene Stätte der
Einsamkeit und der Meditation, ohne Anzeichen der Bedrohung durch die moderne Zivilisation, weit abseits vom Technik- und Fortschrittsglauben. In diesem
mehrstöckigen Turm, in dem Yeats die Geister großer irischer Dichtervorfahren
beschwor, die späten Gedichte der Sammlung *The Tower* entstanden, die erst
1928 veröffentlicht wurden. Durch Lautsprecher werden einige der hier entstan-
denen Gedichte von Schauspielerinnen oder besser „Schausprechern" zu Gehör
gebracht, Gedichte, in denen der Genius Loci besungen wird und der Turm, die
enge Wendeltreppe sowie die Turmgemächer vorkommen.

Yeats-Turm Thoor Ballyee. Mit freundlicher Genehmigung der Yeats Thoor Ballyee Society Irland.

Unten im Erdgeschoss zeigt man eine mediale Dokumentation über das Leben und die Epoche des Dichters, sogar eine Version in deutscher Sprache, mit
modernster Überblendetechnik, Fotos, biografischem Background, unterbrochen
immer wieder von Gedichten im Original, die die Zeit auf Thoor Ballyee beschwören. Die Fotos zeigen einen ernsten, schwermütigen Dichter, der sich nach
Liebe und Erfüllung sehnte. Eine für Yeats unglückliche Liebesgeschichte quälte
ihn jahrelang und regte viele Gedichte an, in denen er (unter verschiedenen Namen) der schönen Maud, die seine Liebe nicht erhören wollte und später einen
anderen Mann heiraten sollte, huldigte. Auch eines der mir unvergesslichen Lie-
besgedichte, welches zu dem frühen Zyklus *Crossways* gehört, hat diesen traurigen
Grundton, der gleichzeitig so volksliedhaft klingt, dass noch heute die meisten
irischen Schüler dieses Lied auswendig rezitieren und singen können. In diesem
etwas verwunschenen Dichterturm las ich mir laut das wunderbar-schlichte Gedicht vor, das mich bis heute an meinen Besuch bei Yeats erinnert im kühlen
Vorfrühling des Jahres 1998:

Down by the Salley Gardens

Down by the salley gardens my love and I did meet;
She passed the salley gardens with little snow-white feet.
She bid me take love easy, as the leaves grow on the tree;
But I, being young and foolish, with her would not agree.
In a field by the river my love and I did stand,
And on my leaning shoulder she laid her snow-white hand.
She bid me take life easy. As the grass grows on the weirs;
But I was young and foolish, and now am full of tears.

AUF DER SUCHE NACH DEM KONSTANTINOPEL PIERRE LOTIS, DEM ALTEN PERA   Istanbul Winter 2006

Wir sitzen im Gartencafé, das nach dem französischen Fin de siècle-Literaten und Marineoffizier Pierre Loti benannt ist und genießen den Ausblick auf den *Hatic*, „das Goldene Horn". Heute ist erst der dritte Tag im Januar, aber dafür ist es erstaunlich warm. Wie schön ist es, einfach nur draußen zu sitzen und sich an den Sonnenstrahlen zu laben, fern von dem Treiben dieser hektischen Stadt! Von unten dröhnt der Lärm der Straße hinauf in die beschauliche Ruhe des in Terrassen sich über den ganzen Hang verteilenden Friedhofs mit seinen unzähligen moslemischen Grabsteinen und Stelen. Ein steiler Weg führt an Gräbern vorbei zu dem Aussichtscafé. *Eyüp* ist ein beliebter Bestattungsort durch die Nähe zu dem Fahnenträger Mohammeds, dessen prächtiges, mit edlen Fayencen geschmücktes Grabmal wir vorher besichtigt haben. Eyüp ist eine bedeutende Pilgerstätte, die jeden Tag Tausende von moslemischen Pilgern anzieht. Dementsprechend ist der Rummel rund um die Eyüp Camii (Moschee) sehr groß. Devotionalien, Gebetsperlenketten, illustrierte Koranausgaben werden an vielen Verkaufsständen feilgeboten zu fast inflationär günstigen Preisen. Dazwischen verkaufen Jungen die knusprigen sesambestreuten Heferinge, die wir uns als Wegzehrung für den Aufstieg zum Pierre Loti-Café mitgenommen haben. In der kleinen Souvenir-Boutique des Loti-Cafés fand ich das kleine Büchlein mit den Istanbul-Erinnerungen von *Pierre Loti: Constantinople en 1890*, das in einem kleinen türkischen

Pierre Loti in Istanbul 1902. Fotoreproduktion der historischen Postkarte aus Istanbul. © MML 2021

Verlag erschienen ist, wenn auch in französischer Sprache. Es scheint also, dass es noch weitere, vermutlich eher französischsprachige Pierre Loti-Pilger gibt, die den Weg hierher finden. Kaum ein Schriftsteller hat so schwärmerisch die nostalgische Erinnerung an das Istanbul des Fin de siècle heraufbeschworen wie Loti. Noch war Istanbul für Julien Viaud, der sich den Künstlernamen Loti gab, die Königin unter den altehrwürdigen Städten des Orients, wenngleich Loti die zunehmende Banalisierung und Profanisierung des Lebens dort beklagt (was hätte wohl Loti zum heutigen Istanbul gesagt?). In Eyüp soll sich Loti heimlich mit *Azi-yadeh*, einer verheirateten Istanbuler Schönheit, getroffen haben, die er in seinem gleichnamigen Roman verewigt hat. Ein paar verblichene Fotos von 1902 zeigen Loti in orientalischem Gewand auf einem Diwan thronend, die Wasserpfeife haltend, mit türkischem Schnurrbart. An der Wand hängen Gewehre und Dolche, ein ganz in den Orient und seinen Zauber verliebter Europäer, der vielleicht etwas einseitig und abschätzig als Vertreter eines literarischen Exotismus eingestuft wird, darin etwas vergleichbar „unserem" ebenso in den Orient vernarrten Fürst Pückler. Vom Istanbul Pierre Lotis ist nicht mehr viel zu sehen. Nur der etwas verloren wirkende Sirkeci-Bahnhof, in dessen Nähe sich viele Hotels befinden (auch unser Yasmak Sultan Hotel), zeugt noch von der Pracht der Epoche des Orient-Express, der dort ankam und für dessen Passagiere viele der Hotels auch in dem europäisch und kosmopolitisch wirkenden Stadtteil Beyoğlu gebaut wurden, dem alten *Pera*. Natürlich haben wir auch einen Blick in das alte Luxushotel *Pera Palace* geworfen, dessen Eingangshalle und Gesellschaftssäle nach wie vor monumentalen Glanz ausstrahlen. Ein Filmteam war gerade damit beschäftigt, diese repräsentativen Räume als Kulisse für ein Fernsehinterview zu präparieren. Der Portier wollte uns das Zimmer zeigen, wo Atatürk mehrfach abgestiegen war und nun eine kleine Gedenkstätte eingerichtet worden ist. Dankend haben wir dieses Angebot abgelehnt, nicht nur weil es sicher mit einem ordentlichen Bakschisch verbunden gewesen wäre. Etwas mehr hätte uns schon das ehemalige Zimmer 411 interessiert, in dem *Agatha Christie* ihren Roman „Mord im Orient-Express" angeblich geschrieben haben soll.

Nicht weit vom Pera Palace liegt die vielgepriesene Patisserie de Péra, die unser nächstes Ziel werden sollte. Nach einem flüchtigen Blick auf die Karte der Edel-Konditorei, wo der Kaffee stolze zehn Lira kostete, haben wir uns gegen einen Aufenthalt entschieden und wieder das Weite gesucht. In einer Passage unweit der berühmten Çiçek Pasajı, der ‚Blumenpassage' ist noch etwas von dem alten Flair der Pariser Passagen, nach deren Vorbild diese angelegt wurde, zu spüren. Viele Souvenirgeschäfte haben sich dort eingenistet, auch ein Laden mit alten

Filmplakaten, Postkarten und einer unerschöpflichen Fülle von Zeitungsbildern, die für eine oder zwei Lira in einer Plastikfolie gekauft werden können: Ein breit-gefächerter Fundus von Kitsch- und Souvenirkarten, in dem man stundenlang schmökern kann. In der benachbarten Librairie de Péra an der Istiklal Caddesi verweilten wir jedoch nur kurz. Eigentlich wollte ich nach französischsprachigen Büchern und antiquarischen Raritäten Ausschau halten, aber die Luft war allzu rauchgeschwängert. Einer der Ladenbesitzer (er trug ein französisches Berret) sprach sehr gut Französisch und zeigte sich von seiner charmanten Seite. Nur eine alte französische Vedute (de la ville et du port de Constantinople), einen Stich mit der biblischen Geschichte von Saul und der Zauberin sowie eine pittoreske Ansicht der Suleiman-Moschee und der alten Galata-Holzbrücke von Thomas Allom erstand ich in den Antiquariaten in Beyoğlu zu halbwegs erschwinglichen Preisen. Im Nachhinein erscheinen mir diese historischen Istanbul-Ansichten und Stiche doch eine schöne Erinnerung an das erlebte Bild der Stadt zu sein und ich bin froh, sie erworben zu haben. Noch heute hängt das leuchtend rote Poster vom alten Pera Palace Constantinople, dass ich damals gekauft habe, über unserer Flügeltür im Arbeitszimmer und erinnert mich an den längst verwehten Zauber der Stadt des Pierre Loti, von der wir nur noch beim Blättern alter Foto-bände und in Romanen der Jahrhundertwende eine Ahnung bekommen. Die Zeiten, wo man sich mithilfe einer Opiumpfeife in den fernen Orient träumte, sind ja längst vorbei.

DER RÄTSELHAFTE PARK DER UNGEHEUER VON BOMARZO
Lyrische Reminiszenzen, Oktober 2001

Ihr, die Ihr sehnsüchtig auf Weltreisen umherirrt, um große und staunenswerte Wunder zu sehen, Kommt her, wo es schaurige Gesichter gibt, Elefanten, Löwen, Bären, Orken und Drachen. (Inschrift v. V. Orsino im ‚Sacro Bosco')
An einem märchenhaften warmen Herbsttag verweile ich in einem der sonder-

barsten Gärten Italiens, unweit der Stadt Viterbo, im *Parco dei Mostri* von Bomarzo und schreibe zu meinem Vergnügen diese Zeilen nieder. Die Sonne Latiums scheint seit Jahrhunderten auf diesen verwunschenen Park, während jede Generation sich fragen mag, was diese seltsame Menschenschöpfung aus der Zeit der späten Renaissance wohl zu bedeuten hat. Der *Park der Ungeheuer* ist bevölkert von allerhand erstaunlichen Skulpturen, verschwiegenen Steinwesen, deren Ausmaße allein schon beängstigend genug sind.

Von zwei großen Sphingen wird der Besucher empfangen und zu einem ersten unheimlichen Höllenwesen geleitet, das sein Maul weit aufgesperrt hat. Unwillkürlich muss man an die Mahnung aus dem dritten Gesang vom *Inferno* der *Divina Commedia* von Dante Alighieri denken: *Lasciate omni speranza Voi ch'entrate. Ihr die ihr herkommt lasset alle Hoffnung.*

Auf dem Kopf des Untiers steht zu allem Überfluss der Turm einer Stadt. Neben ihm geht ein Wassersturz nieder. Weiter kommt man zu dem Riesen, der einen anderen Riesen im Begriff ist zu erschlagen, eine herkulische Gestalt. An vielen Skulpturen und Steinen erkennt man noch die alten italienischen Inschriften, die rätselhaft und schwer verständlich erscheinen, nichtsdestoweniger eine eigenartige Poesie verströmen, darunter Grabsprüche, Epigramme in rötlicher Schrift, wie mit Blut geschrieben. Viele Brunnenfiguren mit Becken sieht man, die alle von Moos übergrünt sind, in von der Natur zurückeroberten Räumen. *Notte e Giorno* heißt ein besonders spektakulärer Ort innerhalb des Gartens. Dort liegt eine männliche Gestalt, auf einen Delphin gestützt, über einem Brunnenbecken mit wallendem Haar und einem Füllhorn im linken Arm, vielleicht die Allegorie eines Flusses oder eine namenlose Flussgottheit, dazu die Zeilen: *Notte e Giorno- noi siamo vigili e pronte a guardar d'ogni ingiuria questa fonte. Wir sind wachsam und bereit, jedes Unrecht fernzuhalten von dieser Quelle.* Zu seiner Rechten erscheint ein geflügelter Drache wildentschlossen in seinem Kampf gegen Löwen und andere Raubtiere. Daneben hebt ein Riesenelefant mit seinem Rüssel einen Legionär in die Luft. Auch dieser kriegerische Elefant trägt einen Turm oder ist es doch ein kleines Mausoleum? Was haben sich der Architekt dieses geheimnisvollen Parks, Pirro Ligorio, und sein aristokratischer Auftraggeber, der Prinz Pier Francesco Orsini, Mitte des 16. Jahrhunderts dabei gedacht? Giovanni Bettini sah in dem Elefanten ein Sinnbild für Unsterblichkeit und einen Hinweis auf die Kämpfe Roms gegen die karthagische Streitmacht unter Hannibal. Alles Spe-

Bomarzo, Pirro Ligorio, Sirene mit Löwenpaar. Mit freundlicher Erlaubnis. © Digitale Diathek
J. L.-Universität Gießen.

kulation? Doch welche Gottheit stellt die sitzende Frauengestalt dar, auf deren Haupt wie eine Krone eine ährenverzierte Vase thront? Sie wird als Ceres gedeutet, die Fruchtbarkeit evoziert, doch auch als „Nährmutter Roms" galt. Sind die sie umspielenden Frauen etwa Tempeldienerinnen? In Ceres' Dunstkreis tauchen Fabelwesen auf, halb Mensch, halb Schlange, sie schauen aus wie Tritonen. Vielleicht vermag die in deren Nähe über einer etruskischen Steinbank angebrachte Inschrift, Aufklärung zu verschaffen: *Voi che del mondo gite errando vaghi di veder maraviglie alte et stupende venite qua dove son faccie horrende Elefanti leoni orsi et Draghe* (vgl. das ins Deutsche übersetzte Zitat am Anfang)

Sie spricht von den erstaunlichen Wundern und Tiergestalten in diesem Park und richtet sich offensichtlich an die Besucher des *Sacro bosco*, des „heiligen Walds", wie der Park der Ungeheuer damals wie heute respektvoll genannt wird. Die Steinfiguren, je nach dem von welcher Seite man sie betrachtet und wie das Licht einfällt, regen die Phantasie ungemein an, scheinen lebendig zu werden und sich zu bewegen.

Ogni pensiero vola (Jeder Gedanke fliege) steht denn zutreffend über dem Höhleneingang, dem Schlund eines Leviathans, durch den die mutigen Besucher in die unterirdische Welt gelangen, eine schaurige Kulisse, aber dafür mit fabelhafter Akustik, die einlädt, dort Geräusche zu imitieren oder Echos auszuloten. Von der nächsten Terrasse grüßt ein steinernes Raubtierpärchen, umgeben von fischigen Sirenen. Weiter unten liegt ein vielköpfiger Zerberus, der die Treppe zu einem kleinen Tempel bewacht. *Lassen Sie sich bezaubern!* scheint auf vielen verwitterten und übermoosten Steinen zu stehen. Dieser ständigen Aufforderung konnte ich nicht widerstehen. Ich habe sie wörtlich genommen und gleich nach dem Besuch des ‚heiligen Hains' meine leicht melancholische Verzauberung in diese auffordernden Verse gekleidet:

> „Wanderer, kommst nach Bomarzo Du einst,
> So gebe doch kund, welch' Geheimnis Du teilst!
> Labyrinthische Räume durchirrst du entzückt

Verwirr' in hermetischen Gärten den nüchternen Sinn
Begrüße das Rätsel bei Sphingen sorge dich immer um Psyche
Ergebe dich flüchtig den Nymphen den Wassergeschöpfen
In magischen Steinen erstarrten Tieren die dich beäugen
Beschwöre niemals den wachsamen Tag
Der Hades Kraft verdrängt die Fäden entwirrt
Hier sind doch andere Mächte am Werk
Im Rauschen des Styx
Durch stetig sich höhlenden Stein
Erlausche die Botschaft der Schatten
Folge der Sonnenuhr Klang
Und sich wandelnden Horen
Vor Jahren warst du im heiligen Wald
Hast Verse gedichtet zu deinem Vergnügen
Die werden die Liebsten erinnern
An heitere Stunden des Glücks
Im Wort verbliebene Bilder
Obsiegen der flüchtenden Zeit
Verzauberter Park von Bomarzo
Entrücke die Sinne beflügle den Geist
In erlesener Pracht sibyllinischer Form
Mnemosyne die Muse besinge den Garten
als Hortus conclusus antiker Gestalten
Groteskes Epos aus Stein und Natur [7]

---

7   Vgl. als weiterführende, empfehlenswerte Lektüre zum Garten von Bomarzo: Vicino Orsino und
der Heilige Wald von Bomarzo. Ein Fürst als Künstler und Anarchist. Text von Horst Bredekamp. Wolf-
ram Janzer Fotografien. Worms, Wernersche Verlagsgesellschaft 1991. Eine wunderbare lyrische
Hommage an den „Heiligen Wald" findet sich auch in Günter Kunerts Gedichtband: Verlangen nach
Bomarzo. Reisegedichte. Leipzig 1978.

UNTERWEGS IN DALMATIEN
DAS VERZAUBERTE ARBORETUM VON TRSTENO   4. Juli 2016

Heute sind wir an der Küste von Dubrovnik entlang nach Trsteno gefahren, über
die monumentale Tudjnan-Brücke zunächst nach Zaton, einem Badeort, dessen
Bucht sich erstaunlich weit nach innen öffnet und ganz reizvolle Landschaften erkennen lässt, dann weiter Richtung Slano bis zu jenem kleinen Ort, der an einem
Hang oberhalb eines kleinen Hafens liegt. Er zeichnet sich durch eine Reihe von
Villen mit Gärten und Terrassen aus, die fast alle von dem Panorama-Blick auf
die Elafitischen Inseln profitieren. Dort kamen wir erst am frühen Nachmittag an,
in der Nähe einer Riesenplatane, die aus dem Orient an die Rijeka Dubrovacka
gelangt ist, vermutlich durch die Initiative des Botanikers Ivan Marinov Gucetic-
Gozze, der ab 1494 in Trsteno seine Sommerresidenz errichten ließ, etwas weiter
unten, da, wo der heutige Park, das Arboretum, sich befindet. Die Villa Gucetic
wurde um die Wende zum 16. Jahrhundert zu einem Treffpunkt der Ragusaner
Gelehrten und Künstler. Nikola Vitor Gucetic war Philosoph und Humanist und
soll in der Villa philosophische Abhandlungen geschrieben haben. Heute ist in
dieser Villa ein botanisch-naturhistorisches Museum untergebracht, in dem einige Vitrinen an das Wirken von Gucetic erinnern. Auch eine hübsche Dichterin aus Dubrovnik (damals noch Ragusa genannt), Cvjeta Zuzoric, soll den Park
in der ersten Hälfte des 17. Jahrhunderts in ihren Gedichten besungen haben.
Der Park ist immerhin 28 Hektar groß und atmet eine Beschaulichkeit, die nicht
von unserer Zeit ist. Die Beete und vor allem die Arrangements, die Grotten und
Bäche, die durch den Park fließen, zeugen von einem Geschmack vergangener
Zeiten und einer heute seltenen Poesie, die sich in der stillen Betrachtung entfaltet. Die Stunden heiteren „Lustwandelns" in diesen wie verzaubert wirkenden
Gartenräumen, wo nur wenige Besucher spazieren gingen, entzückten uns umso
mehr, als der Nachmittag langsam in den Abend überging und die Sonne den
Horizont in rötlichere Farben tauchte. Beim Gang durch die beschatteten Alleen
taten sich dabei immer wieder neue Perspektiven auf, vor allem auf die unter uns

Blick von der Terrasse des Arboretums in Trsteno auf die Inselgruppe der Elaphiten an der Küste von Dubrovnik, © MML 2013.

liegende Küste und die beiden gegenüberliegenden Inseln. Der Park ist uns so schnell ans Herz gewachsen, dass wir so lange dort im Genuss der Düfte und Farben verweilten, bis uns die für die Rückfahrt mit dem Bus vorgesehene Zeit an den Aufbruch erinnerte.

AN EINEM MORGEN AUF DER INSEL KOLOČEP   5. Juli 2016

Heute sind zum ersten Mal seit langer Zeit massiv Wolken am Horizont aufgezogen. Ein etwas kräftigerer Wind hat zu wehen begonnen. So scheint sich ein Wetterumschwung anzudeuten, aber die Sonne ergießt ihr silbernes Licht über die Meeresstraße von Koločep wie eh und je; die Lichtstimmungen wechseln nur häufiger. Die Temperaturen am frühen Morgen sind noch ganz erträglich. Ein lautes Gesumme und Gesäge tönt über die grüne, mediterran bewaldete Insel, die unermüdlichen Zikaden stimmen sich ein für ihr alles übertönende Morgenkonzert. Durch Gärten und Olivenhaine, kleine Wäldchen und Macchia-Sträucher hindurch bahne ich mir den Weg fast bis hinab zum rauschenden Meeresufer, wo ein nagelneues Haus auf seine Einweihung durch dessen Besitzer wartet.

AM NÄCHSTEN MORGEN   6. Juli 2016

Bevor die sengende Hitze, die die Luft zum Flimmern bringt, und die brütende Sonne alles Leben in den Schatten verbannt, stehe ich hier in Koločep, auf einer kleinen südkroatischen Insel unweit Dubrovniks, und schaue hinunter auf die glitzernde Meeresstraße, die den Namen dieser Insel trägt. Endlose Zikaden-Kaskaden von versteckten Baumbewohnern rieseln rhythmisch durch die Frühe. Dann und wann mischt sich ein Motorengeräusch von vorbeischippernden Booten dazwischen. Der Blick schweift weit bis zu der kühn ausgespannten Brücke, die den Auftakt der Küstenstraße markiert, und noch weiter bis zu den Neubauvierteln am Fuße des steilen Hausbergs von Dubrovnik. Zwei weitere bewaldete Hügel erheben sich vor der Kulisse der Altstadt, die dahinter liegend fast jeden Ferientag von Invasionen von Touristen überschwemmt wird. In der Ferne erscheinen die Berge Bosnien-Herzegowinas, dessen Grenze nicht weit von der Küste entfernt liegt. Auch die Berge Montenegros erscheinen greifbar nah. Viele Höhenzüge erheben sich so nah am Meer, dessen Farben so leuchtkräftig die Augen bezirzen und die Badelust wecken. Die Insel ist kaum besiedelt, sie ist ein Paradies seltener Schmetterlingsarten. Sie wird nur von wenigen Bauern und einzelnen Wanderern durchlaufen. Für uns bedeutet Koločep reine Natur, die üppig und wild wuchert, Oleanderbüsche in rosa und hellrot, Bougainvilleen, deren violette Blütenzweige an den weiß gekalkten Mauern emporranken und Pergola-Terrassen, unter deren von Weinlaub bekränztem Blätterdach am Abend die von Sonne und Meer ermüdeten Bewohner Koločeps mit einem Glas Weißwein sitzen und stolz auf das ruhige Meer hinabschauen.

SOMMERTAGE IN BAŠKA   28. August 2013

Heute fliegen wir zurück nach Berlin. Die zwei Wochen Urlaub auf der kroati-schen Insel Krk gingen wie im Flug vorbei. Als wir ankamen, regnete es leicht, genauso wie jetzt, wo wir wieder in das Flugzeug steigen. Ein letztes Mal sehen wir noch das Meer, die Küste, dann heben wir ab in Richtung nördlicher Gefilde. Der Sommer in Baška strotzt vor Fülle, ebenso wie die Feigen, die jetzt überall reifen, viel Kraft und Süße besitzen und bald von den Bäumen fallen. Nie haben wir so viele Feigenbäume gesehen, so viele Bäume, die scheinbar nicht abgeern-tet werden. Am letzten Tag lief ich am Rand von Baška hinauf zu den Weiden,

Die Farbe des Meeres bei Baška (Krk) am frühen Nachmittag. © MML 2013

wo wir am Morgen oft das Meckern von Ziegen und Blöken von Schafen gehört hatten. Ich kletterte über zwei Zäune und wollte gerade ein paar Feigen pflücken, als eine ganze Herde von dreizehn Ziegen, angeführt von zwei Leittieren auf mich zustrebte. Diese Bergziegen, darunter zwei mit langen, spitzen Hörnern, wollten den fremden Eindringling auf „ihrer" Weide nicht dulden und kamen ganz mutig auf mich zu. Ich sah mich gezwungen, mit meinen „Beute-Feigen" zurückzuweichen und musste mich sogar mit einem großen Felsklotz wehren, da sich der Oberziegenbock mit seinen wie ein Ammonshorn gerollten Hörnern aggressiv auf mich zu bewegte. Dann sprang ich schnell wieder über den Zaun zurück auf

Küste und Strand von Baška am Abend. © *MML*

sicheres Terrain. Der Blick von dort oben auf die Bucht von Baška, die Insel Pag und das Festland war äußerst eindrucksvoll. Vor mir erhoben sich steil die Berge, keine Pfade führten von dort mehr weiter hinauf. Alles war abgezäunt, so dass ich durch die wildbewachsenen Felder wieder hinunterging. Wilder Fenchel duftete, gelbe und blaue Disteln leuchteten, eine überreiche Vegetation mit blauen, violetten und gelben Bergblumen bezauberte mich, so dass ich ein kleines Sträußchen für unser Töchterchen Lyra pflückte. Auch von den Brombeeren erntete ich ein paar reifere Exemplare. Auf uns wartete ein leckeres Feigenfrühstück in unserer Bleibe, die etwas abseits am ruhigen Stadtrand gelegen war.

Gestern waren wir, wie jeden Tag, hinunter ans Meer gelaufen, das an vielen Stellen kristallklar ist, eine wechselnde Farbenskala von türkisblau bis königsblau offenbart und einen reizvollen Kontrast bildet zu dem bewaldeten Bergrücken, der am Ende der Bucht die Küstenlinie überragt. Vom Strand aus hat man einen fantastischen Blick auf die vorgelagerte Insel Prvic, die kahl wie eine Mondlandschaft aussieht. Von diesem Meer kann man nicht genug bekommen; es in sich aufzusaugen, darin, wie in einer höheren Harmonie, zwischen Himmel und Erde schwimmend sich aufgehoben zu fühlen, ist ein vollkommenes, Sinne wie Seele beglückendes Erlebnis, das sich jeden Tag wieder erneuert. Wie sehr genießen unsere Kinder das Baden, vor allem Lyra, die zu schwimmen beginnt, und der kleine Raphael Georg spielt mit den Füßchen darin und hat seine Freude! Während der größten Mittagshitze muss man sich manchmal zum Mittagessen auf eine der schattigen Restaurantterrassen des Ortes zurückziehen. Unser Lokal lag in unmittelbarer Nähe zu einer wichtigen Stätte des frühen Christentums im kroatischen Inselraum, auf deren Bedeutung eine informative Tafel hinwies. Die Überreste des Baptisteriums stammen aus dem fünften Jahrhundert. Das kreuzförmige Taufbecken, die sogenannte Piscina war gut zu erkennen, auch die Mosaikfußbodenfragmente im Vorraum der Taufkapelle fielen durch die komplexe Ornamentik von Mäanderbändern, Flechten und Rosetten des doppelten Salomon-Kreuzes auf, die im späteren Mittelalter etwas modifiziert in der kabbalistischen Symbolik wiederauftaucht. Vom Marmorsäulengang der ehemals angeschlossenen Kreuzbasilika und dessen Kapitellen ist leider nur wenig erhalten geblieben. Dafür befindet sich hinter den Ausgrabungen die kleine Sankt Markus Kapelle, in der die Bewohner des kleinen Fischerdorfs neben vereinzelten Urlaubern Kerzen für ihre Verstorbenen anzünden. Meine Frau Zara, die aus Armenien stammt, hat zu diesem frühen Christentum eine besonders tiefe Beziehung. In einem Feld des Mosaikteppichs am Boden entdeckte sie die verblassten Ranken eines Weinstocks, der uns an die unvergesslichen Abschiedsworte Jesu an seine Jünger erinnerte, die vom Evangelisten Johannes im fünfzehnten Kapitel (Vers 5) seines Evangeliums überliefert werden: „Ich bin der Weinstock, ihr seid die Reben. Wer in mir bleibt und in wem ich bleibe, der bringt reiche Frucht; denn getrennt von mir könnt ihr nichts vollbringen."

SOMMER IN ISTRIEN   Juli 2019, Auftakt in Pula

Gestern Morgen bin ich kurz nach Sonnenaufgang erwacht und habe in einem noch halb schläfrigen, halb meditativen Zustand den Garten der istrischen Landvilla besucht und einige besonders schön beleuchtete Ecken des uralten Olivenhains fotografiert. In diesem frühen Licht erscheinen alle Dinge, alle Naturphänomene in einem wunderbaren, fast jungfräulichen Zustand, in den einzutauchen großes Vergnügen bereitet. Durch den Garten verlief in antiker Zeit scheinbar eine Gräberstraße, deren Überreste dort aufgestellt sind: Fragmente von Sarkophagen, Grabmonumenten und anderen Ausgrabungsfunden. Auf unserer Terrasse steht ein großer Sarkophag, der bepflanzt ist mit Lavendel und Thymian. Das ganze Gebiet ist wild überwachsen, auch das Gelände am Monte Sepro, etwas außerhalb des Stadtzentrums von Pula gelegen, sieht ganz urwüchsig aus, sehr verkarstet und unwegsam. Oberhalb der mit umfassendem Rundblick ausgestatteten Villen samt ihren Gärtchen und Olivenhainen ist ein dichter Nadelwald zu sehen, den wir durchquerten, als wir nach Medulin zum ersten Mal an den Strand fuhren.

AM CASANOVA-PLATZ IN VRSAR

Das Haus, das wir heute in Vrsar nördlich von Pula bezogen haben, liegt weit oben in der Altstadt, die sich steil den Hang hinaufzieht, am Casanova-Platz, wo das Konterfei des berühmt-berüchtigten Venezianers manche Liebespärchen schon „geliebäugelt" hat. Viele Treppenstufen und Aufgänge sind zu bewältigen, um hier anzukommen und die weite Aussicht auf den Hafen, die Marina, einen Teil der Westküste, die Inseln und das häufig von einigen Schiffen durchzogene Meer zu genießen. Es ist ein immerwährendes „blaues" Versprechen, dieses Meer, das sich wie ein in der Ferne aufsteigendes Sehnsuchtsgebäude vor dem begeisterten Blick aufbaut, zuweilen einer Fata Morgana gleicht und die Fantasie anregt. Heute wehte ein frischer Wind bis zu uns herauf und bewegte die Blätter und Blüten der Glyzinie, die über die Eingangstür emporrankt. In kürzester Zeit gelangten die abgefallenen Blätter über die Türschwelle hinein ins Haus, da die Tür nicht geschlossen war. Auch Insekten sind schneller im Haus, als einem lieb ist, insbesondere am Abend, wenn die exorbitant auftretenden Moskitos auftauchen, die etwas anders aussehen, kleiner sind als in unseren Breitengraden, dafür umso stechfreudiger. Am Ankunftstag allerdings überraschte uns der Anblick eines kleinen Skorpions an der Wand hinter der Eingangstür, den ich aber mit Hilfe eines Sacks nach draußen beförderte. So begann also unser Aufenthalt mit einem kleinen Überraschungsbesuch als Vorgeschmack auf noch folgende Abenteuer.

FLANIEREN IN ROVINJI   30. Juli 2019

Am Morgen bin ich allein die Altstadtgassen hinaufflaniert: an jeder Ecke von Rovinji, mit seinen kleinen Plätzen, venezianischen Piazzetten ergeben sich entzückende Perspektiven, vor allem, wenn die internationale Touristeninvasion noch nicht begonnen hat, und fast leere Gassen, Innenhöfe und Durchgänge immer wieder Freiräume für den poetischen, fotografisch aufnehmenden Blick lassen.

Nach elf Uhr ist es mit der Ruhe vorerst vorbei: ein permanenter Strom von vagabundierenden Fremden ergießt sich durch dieses mit altem Pflaster, barocken Portalen, venezianischen Reminiszenzen überbordende Gewirr von Gässchen, die scheinbar nirgendwohin führen, wenn nicht auf den Hügel der Heiligen Eufemia, der Schutzpatronin der Stadt, der ich gerade meine Aufwartung gemacht habe in der ihr geweihten Basilika. In der Seitenkapelle ist ihr marmorner Sarkophag aufgestellt, der aus dem fünften Jahrhundert stammen soll und wie ein antikes Grabmal aussieht. Einige wenige Reliefs schmücken den Sarkophag, der noch sichtbare Inschriften neben einem volkstümlich bemalten Heiligenschild trägt und damit als besonders der gläubigen Verehrung anempfohlener Schrein hervorgehoben ist. In der Kapelle ist man mit zwei großformatigen Fresken konfrontiert, die die Legende des Martyriums der Heiligen auf etwas naive Weise erzählen: wie die Heilige im römischen Amphitheater den wilden Tieren vorgeworfen wurde und die wundersame Ankunft des besagten Sarkophags in Rovinji, wo sich seit dem achten Jahrhundert eine Kapelle des Hl. Georg befunden haben soll. Wie es zu dem Kult der Hl. Eufemia gekommen ist und warum ausgerechnet hier in Rovinji, darüber erfährt man nicht allzu viel. Denkbar aber wäre es, dass sich von Venedig oder einer anderen italienischen Stadt aus, ihr Kult bis hierher ausgebreitet hat im Mittelalter, als der Besitz von Reliquien gleichzeitig Pilgerströme anzog und damit auch Wohlstand in den Ort brachte und die geistliche Aura mit Authentizität verband.

NACH POREČ ZUR EUPHRASIANA

Einer der Hauptgründe für die diesjährige Wahl, unsere Sommerreise in Istrien zu gestalten, war für mich die Möglichkeit, während eines erholsamen Badeurlaubs die berühmte Euphrasius-Basilika in Poreč in Muße besichtigen zu können. Die Fahrt mit dem Bus von Vrsar, unserem Aufenthaltsort, nach Poreč dauerte nur zwanzig Minuten. In der Nähe des Busbahnhofs in Poreč, wo wir ankamen,

Pittoreske Altstadtgasse in Rovinji (Istrien). © MML 2017

fand an diesem Tag ein kleiner Trödel- und Antiquitätenmarkt statt, den wir als Willkommensgruß gleich zu einem Bummel nutzten, bevor wir den Weg in die halbinselartig ins Meer vorspringende Altstadt suchten.

Über den ehemals in römischer Zeit angelegten Decumanus führt eine Hauptstraße durch die Altstadt, die zu einer Einkaufs- und Flaniermeile erweitert wurde und von zwei Parallelstraßen flankiert wird, von zwei Platzanlagen und Grünflächen unterbrochen, auf der Höhe des „Cardo Maximus". In diesem sehr überschaubaren, trapezförmig sich ausdehnenden Siedlungskern ließen wir uns nur kurzzeitig treiben, um dann zielgerichtet auf den basilikalen Bezirk, die *Euphrasiana*, zuzusteuern, den ich als einen der kulturellen Höhepunkte der Reise schon vorab ausgemacht hatte und der uns in jeder Hinsicht begeisterte. Zurecht trägt dieser auch archäologisch interessante Gebäudekomplex das Siegel des Unesco-Weltkulturerbes. Am Eingang zum Vorhof der Basilika empfängt die Besucher das Antlitz eines Engels, ein goldgrundiertes Mosaik. Der Weg der Besichtigung beginnt im geräumigen Baptisterium, dessen Mitte das tiefe achteckige Taufbecken bildet. Der festgelegte Rundgang erlaubt unterschiedliche Ansichten der Basilika von unten, Aussichten vom Campanile aus auf die Stadt und das gesamte Areal, ein Bild, das sich wandelt, je nachdem welchen Blickpunkt man einnimmt. Im weiteren Verlauf darf man mehrere museale Räume erkunden, in denen feine venezianische Altarbilder (u.a. ein Polyptychon von Vivarini) und andere religiöse Kunstobjekte präsentiert werden, aber auch Bodenmosaike mit frühchristlichen Darstellungen. Hier wird sichtbar, welchen überragenden Rang diese Kirche mit ihren Kulturschätzen einnimmt, in etwa zu vergleichen dem Rang von Aquileia, wohingegen dort die erhaltenen Bodenmosaike noch größer und eindrucksvoller sind. In Poreč sind es vor allem der Kirchenschmuck und die goldgrundierten Mosaike, die beeindrucken, abgesehen von der großartigen Geschlossenheit der gesamten Anlage und deren erstaunlich gutem Erhaltungszustand. Die Basilika, deren Bauherr Euphrasius mit einem Modell der Kirche im Apsis-Mosaik zu erkennen ist, ist dreischiffig und entstand in der Zeit um 540 n. Chr. Der auf der Himmelsscheibe thronende Christus ist jugendlich dargestellt, ihm zur Seite stehen Petrus und Paulus, links und rechts davon die anderen Apostel, eine ganz in der byzantinischen Tradition stehende Ikonographie. Darunter, genau unter dem Lamm Gottes, sitzt die thronende Gottesmutter, von zwei Erzengeln und Märtyrern eingefasst, darunter Bischof Maurus, der in Split als Märtyrer gestorben sein soll. Bemerkenswert ist auch die Eingangsfassade zum Atrium hin, an der die sieben Leuchter der Apokalypse in vielfarbigen Mosaiken erscheinen. Der Blick vom Glockenturm ist umfassend: Nicht nur die kirchliche Anlage, die geschmückte Fassade und die Ausgrabungen im Kirchenbezirk überblickt man, vor allem das Stadtbild und die Lage des Hafens erschließt sich im Panoramablick. Während des Rundgangs sind die Überreste aus dem Vorgängerbau, einige Sarkophage, Kapitelle, ein Marmorthron und andere Memorabilien zu sehen, die

Apsis-Mosaik i. d. Euphrasius-Basilika in Poreč. © MML 2017

einen Eindruck von der komplexen Baugeschichte vermitteln. Man verlässt diese Anlage mit dem Gefühl, einen der wichtigsten Orte außerhalb Roms für die Baukultur und Kunst des Frühchristentums gesehen zu haben.

INS LANDESINNERE NACH MOTOVUN

Einer der Höhepunkte unserer Fahrten ins Landesinnere war die Fahrt auf der Weinstraße im schönsten Abendsonnenschein, mit Ausblicken auf unzählige Weinberge und in der Ferne thronende Bergdörfchen. Kurz vor unserer Ankunft ließen wir uns auf der Terrasse einer Bar nieder, mit einem hinreißenden Ausblick auf das in dreihundert Meter Höhe fast wie ein Adlerhorst gelegene Dorf

Motovun. Vor der Auffahrt aber wollte eine ziemlich resolute Kroatin zwanzig Kuna kassieren für die Parkgebühr im Ort, der wir uns aber verweigerten. Wir ließen das Auto im Tal stehen und zogen dafür den ziemlich steilen Treppenaufstieg vor. Die Sonne sank immer tiefer in ihren eigenen Purpurmantel hinab, während wir immer höher durch immer engere Gassen hinaufstiegen. Dadurch entfaltete sich noch intensiver der Zauber dieses reizvollen Ortes, der mit kleinen Vorgärtchen, schattigen Lauben, uralten Feldsteinhäuschen reich gesegnet ist und am Ende des mühsamen Aufstiegs einen weiten Panoramablick gewährte. Der Ausblick von den begehbaren Kastellmauern reichte über die gesamte Gegend im Herzen Istriens, das vom gleichnamigen Fluss Motovun durchzogene Tal und die pittoresk auf Anhöhen in der Ferne sich abzeichnenden Bergdörfer. Was kann man sich mehr wünschen von einem soeben erwanderten, wenn nicht „eroberten" Ort, weit ab von dem lauten, ständigen Treiben der von den Touristen im Sommer überlaufenen Küstenstädte wie Rovinji oder Pula? Ja doch, einiges! Vor allem kulinarische Genüsse vom feinsten, denn damit kann die für ihre Trüffel-Kultur berühmte Stadt aufwarten. Ganz viele Gerichte, Fleisch- und Nudelgerichte, werden hier mit weißen oder schwarzen Trüffeln zubereitet, was nicht nur die Genussfreuden steigert, sondern leider auch die Preise in die Höhe schießen lässt. Mein Teller mit Pasta, mit Schinkenstücken und wildem Spargel köstlich garniert, war ein Geschmackserlebnis, das durch den Genuss eines Glases vorzüglichen (wohl im Barrique-Fass ausgebauten) Teran-Rotweines noch intensiviert wurde. Von unserem Tisch auf der Terrasse schauten wir in den, in Rot- und Purpurtönen dahindämmernden Abendhimmel, bis die Dunkelheit anbrach. Bei einer kleinen Begehung des nächtlich erleuchteten Kastells konnte ich die mächtigen Mauern und Türme dieser Festungsanlage kurz begutachten und fotografieren, um anschließend wieder gesammelt den Abstieg in das Tal und die Rückfahrt nach Vrsar anzutreten.

Blick auf Motovun in Istrien. © MML 2017

DAS SOMMERGEWITTER IN VRSAR

Am frühen Abend, als wir noch einmal schwimmen gingen, hatte sich schon etwas zusammengebraut am Horizont. Bläuliche Wolkenmassen, die sich langsam zusammenballten zu einer dicken, undurchdringlichen Gewitterfront an der Meeresseite, noch nicht über dem Ort, wo der Himmel noch friedlich mit silbernem Gewölk über das muntere Treiben am Hafen hinweg zog. Es war genau an dem Abend, als dieser kleine Fischerort sein Sommerfest feierte und alles auf den Beinen war, um sich zu amüsieren. An den Grillständen gab es frittierten Fisch, gebackene Tintenfischringe, Makrelen oder Thunfisch zu essen. Wir wollten einfach uns treiben lassen an der Riva durch die Menge, mit einem Eis in der Hand. Zwei Bühnen waren am Hafen tagsüber aufgebaut worden und von einer Bühne hörten wir so etwas wie Oktoberfest-Folklore-Musik, mit teils deutschsprachiger, teils italienischer Zwischenmoderation, ein wenig Spektakel, ein bisschen Ausnahmezustand in diesem ansonsten eher gemütlichen Vrsar. Das eigentliche Ereignis an diesem Abend stand uns aber noch bevor: das Gewitter, das immer bedrohlicher näherkam und sich erst mit Wetterleuchten, dann mit immer grelleren Blitzen ankündigte, um in wild zuckenden, oft gleichzeitigen Blitzen zu gewaltigen Lichtkaskaden sich zu steigern. Zunächst kam es noch fast ohne Geräusche, in sekundenschneller Abfolge, später jedoch mit tiefem Brummen von der Küste näher. In grollendem Forte fing es an zu donnern und an mehreren Stellen gleichzeitig mit Lichtern zu zittern, ein atemberaubendes Naturschauspiel, dem ich mich, mit spärlichster Bekleidung, voller Neugier hingab. Auch als schon die ersten dicken Regentropfen auf die Haut klatschten, blieb ich auf dem Balkon sitzen wie ein Zuschauer, der den nächtlichen Himmel wie großes Kino bestaunte, wie dieser durch die plötzlich aufleuchtenden Blitze in seiner wolkigen Gestalt kurz erschien und dann wieder in Finsternis versank. Der Regen wurde aber immer heftiger, der Wind wehte kräftiger, so dass ich den Wäscheständer unverzüglich ins Haus tragen musste.

Ich glaube, das war eines der ersten ganz bewusst erlebten Gewitter an der Adria, von dessen Zauber und Schrecken man nur schwer Zeugnis ablegen kann. Wer es gesehen hat, versteht: Davon kann der Betrachter nicht genug bekommen, so schaurig-schön mit abenteuerlicher Naturgewalt zieht es auf und klingt auch wieder ab, wenn das Donnergrollen sich in die Ferne verzogen hat. Vorausgesetzt, man ist irgendwo geschützt in einem Haus und nicht auf freiem Feld oder sogar auf offener See in einem Schiff unterwegs. So bleibt ein großartiger Natureindruck, ein Erlebnis, dessen Reiz und Schönheit sich nur unvollständig mit Worten vermitteln lässt.

IN NORAWANK (ARMENIEN)   September 2009

Wer zum ersten Mal in die Schlucht des Amaghu eintritt oder auf der engen Tal-
straße hineinfährt, ist hingerissen von der ursprünglichen Wildheit der steil auf-
ragenden Berge, deren Felswände teils eine glutrote Farbe haben. Sie bilden die
grandiose Kulisse für die Kirchen und Mausoleen, die zum Weltkulturerbe des
armenischen Klosters Norawank (nur 80 km südöstlich von Yerewan entfernt)
gehören und sich über dieser Schlucht majestätisch erheben. Die Anfänge des
Klosters gehen bis ins neunte Jahrhundert zurück, aber ein Großteil der sakralen
Gebäude mit ihrem fein herausgemeißelten Bau- und Reliefschmuck samt Kreuz-
steinen (die „Chatschkare") wurde von berühmten armenischen Baumeistern (wie
Meister Siranes) und Steinmetzen zwischen dem zwölften und vierzehnten Jahrhundert unter der Herrschaft der Adelsfamilie Orbelian geschaffen. Die künstle-

Das Kloster Norawank in Armenien. Fotografie v. Rose Eisen. © Rose Eisen, Berlin und Yerewan,
s. a. die Website www.roseeisen.com

risch wertvollsten Reliefs am Eingangsportal, im Innenraum oder am Tympanon der Gruft der für den Fürsten Burtel Orbelian errichteten Grabeskirche stammen von Meister Momik. Er war auch als Miniaturmaler beim Schmuck der Handschriften für das Skriptorium des Klosters in der ersten Hälfte des 13. Jahrhunderts tätig. Seine Arbeiten zeichnen sich durch subtil kalligraphierte Ornamentik aus. Neben der thronenden Muttergottes und den Evangelistensymbolen sind in den Reliefs auch Wappen der Adelsfamilien wiedergegeben. Wie in der romanischen Portalplastik des Mittelalters in Südeuropa spielt auch hier die christlich aufgeladene Tiersymbolik eine bedeutsame Rolle. Sind die vor der Grablege angebrachten Vögel mit menschlichen Häuptern als Seelenvögel zu lesen, die auf die Auferstehung der Seele, das durch Liebe offenbarte Mysterium des Himmels hinweisen? Auch die draußen aufgestellten Gedenk- und Grabsteine sind nicht immer eindeutig zu interpretieren, regen aber zu einer intensiven Betrachtung ein. Nachdem ich die Architektur, die kunstvollen Reliefs und Kreuzsteine eine Weile studiert hatte und die archaische Landschaft im Hintergrund auf mich wirken ließ, setzte ich mich oberhalb des Klosterareals auf einen Stein im Schatten und schrieb einige Zeilen nieder, während die Abendsonne ihr letztes Blut über die schroffen Falten des Gebirges vergoss:

Einsam-abgeschieden fern von jeder Siedlung liegt am Rand der christlichen Welt heroisch das Kloster der Berge. Noravank ragt leuchtend über der Natur, der Mauern stummer Rost ertrug die Zeugenschaft der Schluchten, die seit Jahrhunderten den Türmen dieser Kirchen die Stirne bieten müssen. Zahllos sind die Namen, die verklungen, die mühsam einst der Wind gesammelt hat, vergeblich dann zerstreut in wüsten Zeiten. Der Gräber stille Monumente berühren tiefer als der Tag gedacht. Uns traf der Blick der fernen Zeit: wir lauschten den flüsternden Seelen im Wind und sahen in Blüten und Kerzen die rettende Kraft. Dies ist das Land der Steine, in die geritzt das Leben wurde, uralter Glaube heilige Gestalt geworden, der Ahnen Andacht filigranen Flechten eingeschrieben, deren Sinn und Botschaft zu entschlüsseln nur wenigen gegeben ist. O möge bald der Segen der Erlösung die klagende Erde befrieden, die leiderprobten Bewohner Hayastans im Frieden des Abends heilen!

WANDERUNG IN DIE SAMARIÁ-SCHLUCHT AUF KRETA
September 2003

Ich sitze vor einem Laden mit kretischen Produkten und warte auf den Zubringerbus, der ungefähr fünfzig Leute zur ‚Schlucht der Schluchten' bringen soll, nach Samariá. Es ist kurz nach sechs Uhr morgens; es stürmt und bläst, als wenn es schon ein Herbststurm wäre. Noch ist es vollkommen dunkel und Nacht. Die Sterne funkeln durch den Sturm noch glitzernder und silberner als sonst. So viel Wind und Sturmgeheul wie in dieser Nacht habe ich schon lange nicht mehr gehört. Das hatte uns fast den Schlaf geraubt. Aber mit der Ankunft in Samariá ist alles vergessen. Schon am Eingang zu dieser Schlucht trügt der erste Eindruck des Großartigen, Überwältigenden nicht. Ein intensiver Duft von Kiefernnadeln durchzieht die Samariá-Schlucht, ein kühler Wind weht durch die rauschenden Wipfel. Wolken hüllen den Wächter der Schlucht in eine geheimnisvolle Aura. Kein Menschenlaut dringt in diese gewaltige Stille der Natur. Immer wieder bleibe ich stehen, fotografiere, staune angesichts der unerschöpflichen Schönheit der gefährlichen und auch gefährdeten Natur, die gleichsam ein Monument der Gestaltungskraft der Erde ist. Hier am Ursprung Europas, an einem der ältesten Flecken dieses Kontinents, weht uns der Hauch der allerersten Schöpfung an, aus entferntester Tiefe der Vergangenheit im Dialog mit einer stets sich wandelnden Gegenwart. Das Sonnenlicht kehrt nun wieder. Wir wandern in das Tal, die Schlucht hinab. Über uns leuchtet der glasklare, blaue Himmel, der leichter und transparenter erscheint als an der Küste. Immer weiter den steil abfallenden Hang hinablaufend, komme ich mehr und mehr in eine Stimmung der Ehrfurcht und Andacht. Die Seele wandert mit und wächst langsam hinein in ein Naturgebet. Mein Blick reicht hinauf zu den spitzen Zacken des Gebirges, das über dem Föhrenwald aufragt und sich hinauftürmt in seiner eigenen strengen Ordnung bis fast zum Himmelszelt. Still wird alles in der dankbaren Besinnung auf den höchsten, nicht fassbaren Geist, der in dieser ursprünglichen Natur uns anweht. Von dem Rauschen der Föhren angerührt, wie die Saiten der Windharfe, buchstabiere ich das Blau in die Oktaven meiner Schritte, das unerreichbare, südgriechische Blau. Die Schlucht ist wie ein fortgesetzter, ununterbrochener Hymnus an die Natur, dem ich lausche. Zerborstene Bäume, von der Gewalt des Wassers zerrissene Stämme, zwischen mächtigen Felsbrocken hingeschmettert, wie vom Blitz getroffen. Überall Zeichen der Naturgewalten, Ausdruck der Kraft des Schmelzwassers im Winter, das hier niederströmt, sich den Weg bahnt über die übereinander geschichtete Steinwildnis des nun trockenen Flussbetts. Dann wieder Lauschen auf die Stimme der allgegenwärtigen Natur. Hier hat der Mensch fast nichts geschaffen. Hier regiert allein die Natur, weht der Atem des Ewigen Geistes, der sie beseelt. Die Schluchtenwanderung nähert sich ihrem Höhepunkt, der Engstelle des Eisernen Tors, auch ‚i Portes‘ genannt. Die Felswände nähern sich immer dramatischer und einschneidender an, sind nur bis zu drei Meter voneinander entfernt und ragen bis zu sechshundert Meter in die Höhe. Wie herrlich mutet die wilde, am Abgrund wuchernde Vegetation an! Die Wipfel der Kiefern scheinen wie Schirme über der Leere aufgespannt. Die Wände ragen so steil auf, dass man den Kopf weit in den Nacken legen muss, um die obersten Ränder und Spitzen zu erkennen. Das Schauspiel der Natur: hier ereignet es sich im Amphitheater der uralten, verwachsenen Felswände bei wechselnden Zuschauern, bunten, doch hinfälligen Gestalten, die wie Schatten vorüberwandeln. Die Geröllhalde, der schüttere Hang vor uns, wirkt bedrohlich. Wenn nur ein Stein sich löst, rollt die Lawine ins Tal. Spektakulärer wird die Schlucht nun mit jedem Schritt. Nur der Widerhall der fernen Stimmen anderer Wanderer ist noch zu hören. In die obersten Schlupfwinkel der Wand hat sich eine monumentale Stille eingenistet.

Nun ist es geschafft! Ich liege an der Küste bei Agia Rúmeli nahe der weißen Berge Westkretas unter einer duftenden Kiefer und ruhe nach der fast dreizehn Kilometer langen Wanderung durch die Schlucht aus. Nachdem ich am steinigen Strand ankam, bin ich sofort ins Wasser gelaufen. Das erfrischende Bad hat seine Wirkung auf den müden Körper nicht verfehlt. Wieder zurück am Strand war es mehr als eine Wohltat, dem regelmäßigen sanften Rauschen des Meeres zu lauschen, auszuruhen, die vielen unvergesslichen Schönheiten der Schlucht im Gedächtnis wiegend und den großartigen Bildern, die sie hinterlassen haben, träumend nachzusinnen, um es romantisch zu sagen. Auch Erhart Kästner schrieb in seinen Kreta-Aufzeichnungen von 1943 vom „gesteigerten Daseinsgefühl" angesichts der grandiosen Klamm und vermeinte in Samariá, „den Herzschlag der Erde" zu vernehmen. Leider meinte er, stark beeinflusst durch die nationalsozialistische Rassenideologie, in Westkreta aber auch den „Rotbart", „große, blauäugige, blonde Menschen" zu erkennen, die er für Nachfahren der Dorer hielt. Diese Art von Pathos wirkt heute ziemlich unerträglich und höchst problematisch, daher taugt deren Lektüre nur bedingt.

Ein verlassenes venezianisches Dorf namens Santa Maria, von dem man nur spärliche Überreste unterwegs erkennt, soll übrigens der Schlucht ihren Namen gegeben haben, wie Klaus Gallas in seinem Kreta-Reisebuch bemerkt. Wie schnell hingegen neigt sich schon wieder der Nachmittag dem Abend zu! Schon in einer Stunde fährt das Schiff nach Chóra Sfakíon ab, wo uns ein Bus abholen und nach Plakiás zurückbringen wird.

KLEINE EVOKATION DES KOUROS VON SAMOS
Im Archäologischen Museum der Insel Samos, September 1997

Der Kouros von Samos ist ein gigantischer Jünglingstorso, dessen weit verstreute Teile in der Nähe des Heraions, einem der Göttin Hera geheiligten Bezirk, von deutschen Archäologen innerhalb von fünfzehn Jahren nach und nach geborgen wurden. Die vier Tonnen schwere Skulptur soll aus dem siebten Jahrhundert vor Christus stammen, also aus der frühen archaischen Epoche. Seine Riesengestalt, deren marmorner Körper nur mit Mühe in den aus Mitteln der Volkswagenstiftung finanzierten Museumsneubau gelangte, flößt ungemeine Ehrfurcht ein. Der ganze Körper strahlt gesammelte Kraft aus. Die Hände sind angespannt, der Brustkorb gewölbt, breite Schultern und muskulöse Oberarme und ganz im Gegensatz zum monumentalen Leib (von beinahe fünf Metern Höhe) leuchtet sein Gesicht von fast überirdischer Heiterkeit. Nichts kann ihm etwas anhaben, er schreitet über alles Irdische hinweg, mit dem Lächeln des Siegers, souveränen Blicks, offenen Auges in eine unaufhörliche Zukunft gerichtet. Um seinen Mund spielt ein anmutiges Lächeln. Er sieht die Sonne, das göttliche Licht, vor sich aufgehen, und wir schauen in seinem erhabenen Antlitz den Widerschein göttlicher Kraft und Anmut. Erhart Kästner, dessen enthusiastische Griechenlandbücher mich in den späten achtziger Jahren auf meinen griechischen Reisen begleiteten, u.a. zu den Klöstern auf dem Berg Athos und nach Attika, empfahl in seinen Aufzeichnungen während seines Aufenthalts 1944 auf Samos, die Haltung der „steifen" Jünglinge nachzuahmen, um die Statuen zu „begreifen". Denn die in den Museen ausgestellten Statuen der archaischen Epoche seien keine „Schaubilder", die zu bestaunen sind, sondern waren sie selbst, repräsentierten sich selbst in ihrer eigenen Gottbezogenheit. Mir half es, die Statue zu umschreiten und aus verschiedenen Blickwinkeln wirken zu lassen.

Genau zehn Jahre waren vergangen seit meiner ersten großen Griechenlandreise, die in Athen und Olympia auch eine prägende Begegnung mit der griechischen Skulptur und deren Meisterwerken im Archäologischen Nationalmuseum und im Museum der Stadt des gigantischen Zeus-Tempels gewesen war. Während der ersten Jahre meines Studiums hatte ich Alt-Griechisch gelernt und Platon, Thukydides und Sappho übersetzt. Auch im Neugriechischen hatte ich schnell Fortschritte gemacht. Wie groß war der Enthusiasmus dieser von der Dichtung der Hellenen und dem Briefroman *Hyperion* Friedrich Hölderlins getragenen Begegnung mit der Antike, die ihren Auftakt mit einem spontan-impulsiven Lauf auf die Akropolis Athens genommen hatte! Beim ersten Anblick des Athena-Tempels von unten, von der Altstadt (der Plaka) aus, hielt mich damals nichts mehr. Ich rannte einfach los und lief hinauf auf diesen Tempelgipfel der Stadt. Im Angesicht der Tempel und des Herodes Attikus-Theaters folgte der reinen Begeisterung eine selten erlebte Überwältigung durch den steingewordenen Geist der griechischen Antike, der sein Feuer in meiner jugendlichen Seele entzündet hatte.

IRISCHES CAPRICCIO   April 1998

Verheißungsvoll war unsere Ankunft auf den Aran Islands am frühen Nachmittag. Die Sonne zeigte sich endlich, obwohl sich überzählige Wolken am Himmel türmten. Alle fünfzehn Minuten ungefähr schien hier das Wetter zu wechseln, aber dafür waren wir in Irland. Meine italienische Freundin und ich erreichten ohne große Mühe unser B&B, das direkt am Hafen lag. Unser Zimmer hatte drei Fenster mit einer weiten Aussicht auf die Kimberly Bay. Von unserem Bett aus sahen wir auf der einen Seite die Fischerboote, auf der anderen Seite das Meer und die gegenüberliegende Küste, wo nur ganz wenige Häuser sich in der Ferne verloren. Die Möwen kreisten unentwegt, und ein vereinzelter Schwan zog müde seine Bahn. Von Westen schaute die langsam sinkende Sonne zum Fenster herein, die uns umso kostbarer erschien, als sie selten länger zu sehen war. Nur zwischen den Regenintervallen zeigte sie sich und verschwand gleich wieder. Zwischen den Aprilschauern, die einen meistens dann erwischten, wenn man gerade durch die Strahlen Hoffnung geschöpft hatte, fühlten wir uns ermutigt zu einer längeren Wanderung, die wir aber jäh unterbrechen mussten, als es erneut zu regnen begann. Aber das Wetter im April ist fast überall launisch wie eine Diva. Die Farben wechselten alle Augenblicke, zwischen dem Dunkelblau der Wolkenbänke und dem Türkisblau des Meeres, dem fast mediterranen Azurblau des Himmels und dem leuchtenden Grün der Wiesen. Je nach Beleuchtung wandelte sich die Küstenlandschaft auf subtile Weise und bot immer neue Ansichten und Schattierungen. Lange schauten wir diesem ständig wechselnden Schauspiel zu, wurden nicht müde, die abrupten Wandlungen dieser Inseln samt deren Landschaftsbildern zu verfolgen und langsam liebzugewinnen.

REISE NACH JAPAN   22. März – 9. April 2004

Jeder Tag ist eine Reise und die Reise an sich ist das Zuhause. M. Bashô

Wir fliegen gerade über Sibirien; ich wunderte mich schon, warum ich so kalte Füße bekommen habe. In fast zehntausend Fuß Höhe müssen draußen fast arktische Temperaturen herrschen. Wie in einem großen Sarkophag schießen wir durch die sibirische Nacht. Ich hoffe, dass das gleichmäßige Rauschen im Flugzeug mich langsam zum Einschlafen verleitet. Ein paar Stunden Schlaf würden guttun, bevor wir in dieser Megalopolis Tokio landen. Im Halbschlaf hörte ich noch die Stimme der Hostess, die zwischen den Sitzen hin und hereilte: „Noodle soup or ice cream?", dann war ich plötzlich eingeschlafen.

TOKIO-TAGEBUCH

Nach rund zehnstündigem Flug über Russland und China hinweg sind wir gegen neun Uhr Ortszeit in Tokio gelandet. Ich kann es kaum fassen, dass ich endlich nach über zwanzig Jahren des Wartens die Reise in das für mich so heftig ersehnte „Land der aufgehenden Sonne" in Angriff genommen habe. Ich sitze in der Vorortbahn auf dem Weg nach Ueno in die Innenstadt. Der japanische Frühling entfaltet schon seine ersten Blütenträume in zartrosa und weiß, Magnolienbäume blühen zwischen den Häusern mit den langgezogenen Dächern. Fast sechzig Kilometer ist der Flughafen Narita vom Zentrum entfernt. Achtzig Minuten braucht der Limited-Express-Zug für diese Strecke, die mir wie vielen anderen Reisenden die ersten Eindrücke von Japan vermittelt. Man fährt durch fast ununterbrochene Siedlungen, die schon zum Großraum Tokio gehören und auf den ersten Blick ziemlich disparat aussehen. Häuser im westlichen Stil sind unmittelbar neben traditionellen japanischen Häusern zu sehen. Einige wirklich winzige Behausungen oder Hütten erscheinen förmlich eingeklemmt zwischen größeren Häusergruppen.

Heute ging ich zum Ueno-Park, der für Tokio das darstellt, was der Central Park für New York bedeutet. Eine Allee war auf beiden Seiten gesäumt von nun endlich aufblühenden Kirschbäumen: ein herrlicher Anblick, auch ohne leuchtende Sonne und blauen Himmel. Unter den Kirschbäumen breiten Familien, Arbeitskollegen und Freunde Decken aus, um ein geselliges Picknick einzunehmen. Bei diesem nasskalten Wetter muss es das reinste Vergnügen sein! Aber die Tage der Kirschblüte sind gezählt, die müssen genutzt werden!

Es ist schon nach 22 Uhr. Ich komme gerade von Ginza, wo ich unter den Eisenbahnbrücken von Yohutura in einer echten Kaschemme eine schmackhafte Nudelsuppe geschlürft habe. Das war wirklich nötig, nach diesem Einkaufsabenteuer im Kaufhaus Big Camera, in dem ich eigentlich eine Digitalkamera kaufen wollte, schließlich aber eine einfache, bedienungsfreundliche Minolta erwarb, die für Landschaftsaufnahmen besser geeignet war. Ab morgen sollte also eine Fotosafari durch Tokio starten. Ich hoffte nur, dass das Wetter mitspielte und es etwas wärmer würde, dann wäre die jüngst erblühte Kirschblüte lustvoller zu erleben. Ginza ist eine Augenweide für Luxus-Shopper und Genießer. Was hier auf ein paar Quadratkilometern zusammengetragen ist, braucht wirklich keine Konkurrenz mit anderen Weltstädten zu scheuen, was die exzellent ausgestellten Waren angeht, deren Präsentation von erlesenem Geschmack und einer schier unglaublichen Subtilität zeugt.

TOKIO BEI NACHT

Ich sitze im 38. Stock des Ebizu-Towers in einem Panorama- oder Sky-Restaurant, das Chibo heißt, wo die feine Cuisine von Osaka vor den Augen der Gäste auf den Tischen zelebriert wird. Der Koch ist eine Art Schaukünstler, der coram publico die Okonomiyaki-Spezialität, eine Art Eierkuchen mit Fischfüllung zubereitet. Ich sitze auf einer Bank direkt am Fenster und genieße den spektakulären Blick hinunter auf das nächtliche Tokio, das sich wie ein gigantischer funkelnder

Teppich in der Tiefe ausbreitet. Die Stadtfläche ist so gewaltig groß, dass man keine Stadtgrenzen erkennen kann. Vergleiche mit New York drängen sich auf, wenn auch Tokio nicht eine so dichte, irisierende Skyline zu bieten hat, aber die Konzentration von Hochhäusern, Wolkenkratzern, Bürotürmen ist auch beeindruckend. Gleich schaue ich mir noch das benachbarte Shibashi an, das als „Electric City" berühmt ist und nebenbei ein buntes Nachtleben verspricht. Wie ich nach Ebiza gelangt bin, war ein kleines Abenteuer: ich besichtigte das Edo-Tokyo-Museum in Asakusa und stellte am Ausgang fest, dass heute Abend das Fotografie-Museum bis zwanzig Uhr geöffnet hat. Nachdem dies meine einzige Chance war, diese Sammlung zu sehen, zögerte ich nicht, mit U- und S-Bahn nach Ebiza zu fahren, wo mir zufällig ein Landsmann den Weg zum Ebiza Garden Plaza zeigte, auf dessen Areal das Museum liegt. Ich war überrascht und begeistert von der Großartigkeit der architektonischen Anlage, deren Wirkung noch gesteigert wurde durch die voluminösen Skulpturen von Botero, die diese Plaza wunderbar schmücken. Es waren Werke, die ich bereits auf venezianischen Plätzen und am Canal Grande im vergangenen Jahr bewundern konnte. Ebiza Garden, das ist ein Büroturm mit zwei abschließenden Restaurantetagen, ein großes Luxuskaufhaus und Ladenpassagen, die die Plaza mit der Ebiza-Station verbinden. Was für ein eindrucksvoller Anblick bei Nacht, vor allem dank der Spotbeleuchtung der Gebäude, die wie Theaterkulissen erscheinen, und der angestrahlten Kirschbaumattrappen. So begeistert ich auch war, so eilig hatte ich es, in das Fotomuseum zu kommen, wo es mir gelang, eine sehr schöne Ausstellung mit prämierten Fotos zu sehen, originelle Aufnahmen zum Thema „Love and Peace". Eine Entdeckung war aber auch der gutsortierte Museumsshop, in dem ich zwei feine Fotobücher erstand, einen Band mit Blumenstillleben von Nobuyoshi Araki und eine Monographie über den bei uns kaum bekannten Fotokünstler Ueda.

IN NIKKO   27. März 2004

Die verschneiten Berge des Nikko-Nationalparks grüßen aus der Ferne. Ein strah-
lender Tag war am Morgen über ihnen und uns aufgegangen, der Nikko, seine
Tempel und Wälder umso schöner erscheinen ließ. Was Nikko so einzigartig
macht, sind nicht nur die gewiss prachtvollen, goldglänzenden und überreich
geschmückten Tempel und Schreine, sondern auch die wunderbare Einbettung
der heiligen Shinto-Stätten in eine fast unberührte Natur. So steigen die Besucher
und Gläubigen die Steintreppen hinauf zum Tempelareal, das sich auf einer überschaubaren Fläche ausdehnt, wobei schon im unteren Abschnitt, etwas versteckt,
zwei hölzerne Tempel stehen, die ich erst heute entdeckte und von denen einer
sehr aufwendig dekoriert ist. Eine kleine Pagode daneben wird gerade restauriert
ebenso wie die berühmte, den Japanern Heilige Rote Brücke, die die Stadt Nikko
mit dem sakralen Bereich verbindet. Uralte, mit Moos bewachsene Steinstatuen

Shinto-Hochzeit im Tôshugû-Tempel in Nikko. © MML 2004

von Bosatsus (Bodhisatvas) und Tempelwächtern modern vor sich hin, zum Teil mit roten Tüchern bekleidet. Gebetsfahnen hängen in den Zweigen in der Nähe der Tempel (ob sie Glück gebracht haben?). Die rotbemalten Waldtempel entfalten eine eigene zeitlose Poesie, die sich mit ihren geschwungenen, nach oben gezogenen Dächern zugleich in die Natur harmonisch einfügen, wie sie sich durch ihren üppigen Reliefschmuck von dem Fichtengrün des Waldes abheben. Man muss sich das Läuten der Tempelglocken, das Schlagen der Trommel vorstellen, die strenge, archaische Musik zu den rituellen Handlungen oder Zeremonien vor und in den Schreinen.

Ein besonderes Erlebnis war heute eine schintoistische Hochzeit im Toshugu-Tempel, die mir wie ein Theaterstück vorkam, mit traditionellen Kostümen, den mit der charakteristischen Haube bekleideten Shinto-Priestern, der Hochzeitsgesellschaft und einer Musikergruppe, deren Spiel an Kabuki-Theatermusik erinnerte.

Der erste, unterste Tempelkomplex, den man besichtigen kann, ist der buddhistische Rinnoji-Tempel, der Haupttempel der Tendaischule. Das imposanteste Gebäude der Anlage ist die Haupthalle von 1648, der Sanbutsu-dô, deren architektonische Besonderheit darin liegt, dass das innere Heiligtum mit den drei, fast fünf Meter hohen vergoldeten Holzskulpturen des Gongen Amida, Senju-Kannon und Batô-Kannon tiefer liegt als der Shumidan-Altar. Wenn man unten am Fuße der Statuen steht, erscheinen einem diese Statuen noch riesenhafter und anbetungswürdiger. Die Touristengruppen verbeugen sich ehrfürchtig vor diesen Statuen oder machen Gashô (Geste der Verehrung), wie auch der Guide, wenn er seinen Sermon gehalten hat, den Gong schlägt. Hinter der Haupthalle erhebt sich eine mächtige alte Bronzesäule, die der Form nach, die Spitze einer fünfgeschossigen Pagode ist. Diese Säule, die mit Bronzeschrifttafeln verkleidet ist, soll die tausend heiligen Schriften enthalten. Das Läuten der insgesamt vierundzwanzig Glöckchen, die an ihr baumeln, symbolisiert die universelle Weisheit Buddhas, die allen Lebewesen gilt. Der größte und berühmteste Schrein, der auch räumlich im Mittelpunkt der Kultstätten von Nikko steht, ist der Tôshogû-Schrein. Mehrere, immer steilere Treppen führen hinauf bis zum Allerheiligsten.

Den Eingang bildet ein monumentales Steintor, „Torii" genannt, gefolgt von einem zweiten Bronze-Torii, das mit Lotosblüten geschmückt ist. Den Schrein betritt man durch ein weiteres Tor, das Niô-mon, das von zwei grimmigen Torwächtern bewacht wird. Auf der Rückseite des Niô-mon sekundieren dem Niô zwei löwenartige Hunde. Die Tore und Nebengebäude der „San-jinko"(Götterspeicher) sind mit aufwendigen, farbigen Reliefs geschmückt, die an Chinoiserien erinnern: chinesische Fabeltiere, die zwölf chinesischen Tierkreiszeichen, die die Pagode zieren, Tierdarstellungen, Pfauen, Drachen u.a., aber auch Päonien bilden den aufwendigen Reliefschmuck. Kurios sind die beiden Elefanten an einem dieser „Götterspeicher", die nicht gerade naturalistisch dargestellt sind und eher wie lustige Zerrbilder aussehen. Die drei Affen Reliefs, die am Stall angebracht die Pferde schützen sollten, sind ein beliebtes Motiv. Sie halten sich Ohren, Augen und Mund zu. Nichts Schlechtes hören, sehen und sagen soll es im buddhistischen Sinn bedeuten.

Weiter geht der Weg hinauf zum Honji-dô, dem größten Bau des Tôshugû-Schreins, vorbei am Trommelturm (links) und Glockenturm (rechts). Tempel und Schreine des Tôshugû sind in einem über-bordenden, stark vom Ornament geprägten Stil geschaffen, der Ähnlichkeit mit dem europäischen Rokoko hat. Soviel Verzierung an einem japanischen Tempel, deren Ästhetik man eher mit Minimalismus und Strenge in der Form verbindet, überrascht, und man wähnt sich gleichsam in China, insbesondere durch den Anblick der Pagode und der Reliefs, die zum Teil chinesische Weisen darstellen. Buddhismus und Shinto-Kult sind hier in Nikko eine beeindruckende Synthese eingegangen. Während der Tôshugû-Schrein ziemlich überlaufen war, haben sich nur wenige Besucher in die kleinere Ishugen-Anlage verirrt, die in den Wald hineingebaut und von einem hohen Steinwall umfriedet ist. Hier in dieser Waldesstille kann man etwas von der Poesie dieses Kultes spüren, von der Reinheit der Anbetung vor der Kulisse der herrlichen Berge von Nikko. Die Anlage des Tempels entspricht der des Tôshugû, mit seinem Eingangstor, dem Glockenturm, Trommelturm, den Treppenaufgängen, Torii und Höfen. Fast ebenso aufwendig ist dieser Schrein geschmückt, manche Details vielleicht künstlerisch noch schöner ausgeführt. Über 130.000 Handwerker, Arbeiter und Künstler sollen an diesen, die Macht des Shogunats repräsentierenden Tempeln und Schreinen beteiligt gewesen sein, also war es sicher eines der größten Bauprojekte der damaligen Zeit.-

IN TOKIO-SHINJUKU

Wieder zurückgekehrt nach Tokio-Ueno hatte ich mich mit meinen beiden japanischen Freunden in Shinjuku verabredet. Wir trafen uns vor dem Isedan-Kaufhaus und gingen dann zusammen spazieren in diesem von blinkenden Leuchtreklamen übersäten Einkaufsviertel, wo ein Luxuskaufhaus neben dem anderen steht. In einem dieser Kaufhäuser speisten wir äußerst schmackhafte Fischspezialitäten, die auf traditionelle Weise zubereitet wurden: ein wahres Festmahl, das ich in vollen Zügen genoss, vor allem die frittierten Krabben. Als Nachspeise gab es schließlich noch frittierte Eiscreme, auch das eine Spezialität, die ich vorher noch nie gekostet hatte. Das Essen war wirklich ein Gedicht und von einer weitaus besseren Qualität, als man von japanischen Speiselokalen in Deutschland gewohnt ist. Nach dem Abendessen fuhren wir zum Golden Gai-Barbezirk von Shinjuku, der zum Vergnügungsviertel Kabuki-cho gehört. Eine Bar reiht sich dort an die nächste, eine ist winziger und familiärer als die andere. Wir stiegen eine Treppe hinauf zu einer Bar, die wirklich nur Eingeweihte finden: die Bar „La Jetée" (benannt nach einem Film von Chris Marker) für Cineasten und Franzosen in Tokio. Die Bardame sprach natürlich Französisch, an der Wand hingen Filmplakate von *A bout de souffle* und anderen französischen Filmen der Nouvelle Vague. Toshiyuki bestellte gleich für alle eine Flasche japanischen Nikka-Whiskey, die sich ziemlich schnell zu leeren begann. Er erzählte von Abenden mit Wim Wenders, zu der Zeit, als dieser in der engen Bar *Tokyo-ga* drehte, und Quentin Tarantino, dessen Namen auf einer hier rituell deponierten Flasche stand und mich an wilde Kampfszenen in *Kill Bill* erinnerte. Schon bald wechselten wir in die nächste Whiskey-Bar,

Nächtliches Porträt: Geisha in Kyoto-Gion. © MML 2004

wo wir neben einem Paar die einzigen Gäste waren, und tranken zur Abwechslung einmal Shunshô, eine Art Kartoffelschnaps, verdünnt mit Wasser, bekamen dazu frischen Lachs serviert, Reisplätzchen und Schokolade, und amüsierten uns prächtig, wozu auch der merklich gestiegene Alkoholpegel beitrug. Schließlich durchquerten wir die anderen Vergnügungsviertel von Kabuki-cho, wo sich ein Etablissement an das nächste reihte, und landeten in einer weiteren einschlägigen Bar, in der wir diesen unvergesslichen Abend feuchtfröhlich ausklingen ließen. Meine Freunde Mayumi Mitome und Toshiyuki Matsushima (der leider inzwischen verstorben ist), die jahrzehntelang jedes Jahr zur Berlinale als Filmkritiker eingeladen wurden (wo wir uns bei einem Empfang des Forums des Internationalen Films kennengelernt hatten), erhielten an dem Abend Verstärkung durch Alex, den noch verhältnismäßig jungen Leiter der *Nippon Connection*, des größten japanischen Filmfests in Deutschland. Natürlich kreisten daher viele Gespräche um den aktuellen japanischen Film und die japanische Filmgeschichte. Wie ich von dort zurück in meine spartanische Unterkunft in Ueno gekommen bin, die mit ihren drei Tatami-Matten nicht größer als acht Quadratmeter gewesen sein kann, weiß ich heute auch nicht mehr genau, was aber für mich ein gutes Zeichen ist.

KYOTO: Betrachtungen am „Silbernen Pavillon"- Ginkaku-ji-Tempel

Das touristische Treiben, das an solchen Orten wie dem Ginkaku-ji zu beobachten ist, erscheint mir als Sinnbild der Vergeblichkeit des menschlichen Tuns. Wie sehr sich die Menschen und Reisenden auch anstrengen, das Bild dieser Schönheit mit der Kamera oder dem Smartphone festzuhalten, bleibt es doch am Ende bestenfalls ein perfekt konservierter Augenblick, der schnell erloschen und unweigerlich vom nächsten abgelöst wird. So ist das Festhalten-Wollen eigentlich eine Schwäche, eine Illusion, nicht mehr. Wenn man stirbt, was bleibt davon? Man selbst ist nicht mehr da, ist woanders, vielleicht, nach buddhistischem Glauben, im Reinen Land des Amidha-Buddha und die Anderen, seien es Freunde,

Verwandte oder Fremde, wissen oft mit unseren Hinterlassenschaften nicht viel anzufangen und vernichten die Zeugnisse unseres Lebens im schlimmsten Fall. Daher erscheint das übereilte, zuweilen hektische Fotografieren wie eine vergebliche Manie, das Sehenswerte visuell zu fixieren, anstatt das Gesehene in Muße ganz ruhig in sich aufzunehmen und auf sich wirken zu lassen. Den bronzenen Phönix auf dem Dach wie den Buddha im Schrein kümmert das alles nur wenig. Die Zeiten und Menschen ziehen an ihnen vorbei, sie bleiben in sich ruhend, während die Menschen dahingehen und oft nicht wiederkehren. Wenngleich deren Spuren sich verlieren, bleiben sie doch ganz da, füllen ihre Gegenwart immer neu aus und strahlen Frieden und Gelassenheit aus. Alles verändert sich in jedem Augenblick, die Sonne verfolgt ruhelos ihren Lauf und die Erde dreht sich nach wie vor. Aber der Mensch muss unablässig wandern, wenn er auch hofft, eines

Der Silberne Pavillon- Ginkaku-ji Tempel Kyoto. © MML

Tages erlöst zu werden. Wir können es Nirwana nennen oder Reich Gottes, die Ewigkeit oder die Rückkehr in den Schoß des Alls, alle vom Menschen benutzten Worte und Begriffe werden Schall und Rauch angesichts der Sterblichkeit, einfach hinfällig, denn dann verlieren sie alle ihre zeitgebundene Bedeutung. Es gibt dann keine Unterscheidungen und Wertungen mehr, alles ist eins. „Werde eins mit dem Staub. Dies ist die ursprüngliche Einheit." Diese Worte von Meister Lao Tse finden wir in einem der ältesten Weisheitsbücher der Menschheit, dem *„Tao te king"* (Kapitel 56), im *„Buch der Wandlungen"*.

Es kann nicht schaden angesichts der Endlichkeit des Lebens einen seelischen Vorrat in der immateriellen Kornkammer anzulegen. Wenn der Taifun des Todes über uns hinwegbraust und unsere leibliche Existenz raubt, werden wir dann dieser endgültigen Wandlung etwas Beständiges, Bleibendes entgegenzusetzen haben? Werden wir in der anderen Welt weiterleben, in einer wie auch immer gearteten Obhut transzendenter Mächte, deren Walten dem Verstand und den Sinnen entzogen ist? Goethe sprach von der Persönlichkeitswerdung, die auch durch den Tod nicht vollständig zunichte gemacht werden kann. Etwas von uns lebt weiter, aber in welcher Form? Als Monaden, wie der Philosoph Leibnitz postulierte, die weiterwandern und sich weiterverkörpern? Wird unsere Seele auf der Bühne des Todes ihre Rolle verkörpern, auch wenn der Körper sich bereits aufgelöst hat? Oder spielt sie sogar eine Rolle als Einzelseele im kosmischen, sich ununterbrochen erneuernden Theater jenseits des Sichtbaren, in einer Sphäre, zu der wir als Körperwesen keinen Zugang haben? Das klingt vielleicht etwas esoterisch-mystisch, ist aber eigentlich die Konsequenz aus dem Denken der taoistischen und buddhistischen Philosophen, die die Aufhebung der Gegensätze mit dem Ableben des Menschen in Verbindung setzen. Der WEG aber, den sie verkündigen, ist ein Weg der Läuterung und der Reinigung, welcher durch Tod und Wiedergeburt weiterführen wird in eine unendliche Wirklichkeit des reinen Geistes, wie Buddha gesagt hat. Mit diesem von buddhistischen Gedanken inspirierten Haiku nahm ich an Buddhas Geburtstag (dem 8. April) Abschied von dieser denkwürdigen Stätte:

Wege durch das Moos.
Felsentore- einmal wirst
Auch Du Buddha sein. [8]

POLA-MUSEUM OF ART

In Anbetracht der Tatsache, dass es in Europa kaum jemand kennt, ist das Pola-Kunstmuseum eine echte Entdeckung. Die Sammlung ist europäischen oder amerikanischen Kollektionen klassischer Moderne absolut ebenbürtig. Sie wurde in über vierzig Jahren intensiver Sammlertätigkeit von einem japanischen Industriellen, dem Inhaber der Pola-Unternehmungsgruppe, zusammengestellt. Das Gebäude des Museums ragt wie ein gläsernes Kreuz in die Landschaft. Das Licht fällt durch einen gläsernen Schacht in die Mittelhalle, die die drei Stockwerke miteinander verbindet, und in die verschiedenen Ausstellungssäle. Der Bau erstreckt sich also mehr in die Tiefe und ist aus der Ferne kaum sichtbar. Die raffinierte Museumsarchitektur bietet die Möglichkeit zu einer wechselnden Hängung der Bilder. Momentan sind in der ersten Galerie die Impressionisten, Post-Impressionisten und Fauves-Maler zu sehen mit hochkarätigen Werken. Zuerst dachte ich, es seien keine Originale, aber nachdem ich die von der Farbe her überwältigenden Venedig-Veduten von Monet bewundern durfte, schwanden langsam alle Zweifel an der Echtheit der Bilder. Vor allem bei dem wunderbaren Gauguin-Stillleben, einer farbenprächtigen Ansicht der Stadt Auxerre von Paul Signac und dem eleganten Porträt einer Dame von Welt von Kees van Dongen wuchs die Begeisterung über diese Kunst. Auch die Bilder von Matisse, dem ein ganzer Raum gewidmet ist, riefen in mir dieses beglückende Gefühl der Harmonie hervor. Daran schloss sich ein Blumenstillleben von Odilon Redon an, in dem

---

8   Zit. n. Matthias Müller-Lentrodt: Ewig und ein Tag. Gesammelte Haiku 2001-2015. Freigeist Verlag Berlin 2015, S. 46.

sich die zartesten Rosa- und Rottöne zu einer Farbenmystik vereinigen, deren Poesie man sich kaum entziehen kann. Die Blumenkelche aus einer japanischen Vase (wie oft im Symbolismus lässt Ostasien grüßen), auf der ein musizierender Kabuki-Schauspieler zu erkennen ist, dann ein intimes Porträt eines schüchtern-anmutigen Mädchens von Renoir, das sich an eine Bank anlehnt, während ihr Kleid und ihr Hut subtil in perlmutthaften Tönen schillern, ein Mädchenbildnis von Marie Laurencin, der malerisch hochbegabten Geliebten das Dichters Guillaume Apollinaire und nicht zu vergessen, die Illustrationen von Matisse zu den Gedichten von Stéphane Mallarmé, darunter ein vor Klarheit strahlendes Antlitz eines schönen Mädchens. Diese Vielzahl von Meisterwerken machte den Besuch des Pola-Museums zu einem lange noch nachwirkenden Kunstgenuss.

NACH DER RÜCKKEHR AUS JAPAN

> Den Geist der Reise
> Bewahren im Andenken.
> Den WEG weiter gehen.

Ich denke nun, da ich Ostern in Deutschland verbracht habe, an meine Reise nach Japan zurück, die ein fortdauerndes Glück für mich bedeutet.

Wie wohltuend ist die überall dem Gast schmeichelnde Höflichkeit, von den unermüdlichen Dankbezeigungen und Verbeugungen in den Läden und Lokalen ganz zu schweigen! Diese überaus freundliche Art, den Käufer oder Kunden so zuvorkommend zu behandeln, vermittelt dem Menschen Wohlgefühl und Respekt und überrascht natürlich, wenn man ein Land wie Deutschland gewohnt ist, in dem Dienstleistung und Ehrerbietung dem Fremden oder dem Kunden gegenüber nicht so großgeschrieben werden. Viele Ausländer, vor allem Europäer, schreckt die fremde Sprache ab, nach Japan zu reisen. Da Destinationen beziehungsweise Adressen nur in Japanisch geschrieben stehen, ist man manchmal auf die Hilfe der Menschen vor Ort angewiesen. Und oft genug spricht die Person, die man um Auskunft bittet, keine andere Fremdsprache bzw. nur rudimentäres Englisch. Auch hilft einem die europäisch geprägte Gestik und Mimik in Japan meistens nicht weiter, dafür aber ein Japanese Phrase-Book, das ich mir nach der Hälfte der Reise und angesichts einschlägiger Erfahrungen aus gutem Grund besorgt hatte. Die Bereitschaft, Japanisch zu sprechen, so mangelhaft es auch sei, bringt einen garantiert den Einheimischen näher, und es macht tatsächlich Spaß, sich auf diese dilettantische Weise verständlich zu machen. Nach kurzer Zeit hatte ich schon einen Teil des Grundvokabulars gelernt und war begierig, noch mehr zu lernen. Man kann dabei sicher sein, dass die Japaner einen beim Erlernen ihrer Sprache, so gut es geht, unterstützen. Manche sind förmlich aus dem Häuschen und genießen die von den Ausländern gemachten Fehler.

Im Land der aufgehenden Sonne lassen sich aber auch bedenkliche Phänomene beobachten, wie etwa die unaufhaltsam fortschreitende Vereinzelung innerhalb der Gesellschaft, vor allem in den Großstädten. Um dieses Problem der Vereinsamung, das es natürlich auch in europäischen Großstädten gibt, vorübergehend etwas zu entschärfen, bieten „Menschenverleihagenturen" in Tokio Schauspieler an, die für ihr Nichtstun gebucht werden können. Diese werden bezahlt von alleinlebenden Zeitgenossen, die keine Familie, keine Ehefrau oder Freundin, auch keine Kinder haben und daher jemanden brauchen, der ihnen zuhört und hilft, die Einsamkeit zu ertragen. Kontinuierlich wächst das Angebot an Robotern, die, mit künstlicher Intelligenz gespeist, alle möglichen menschlichen Aufgaben erledigen können. Werden Roboter bald die Verwandten ersetzen, zu denen man ein gestörtes Verhältnis hat? Tauchen sie plötzlich wie ein Deus ex Machina auf und kommen mit Brimborium in allen möglichen Haushaltsbereichen zum Einsatz? Noch erscheint es uns gespenstisch und irreal wie so manches im hochcomputerisierten Ostasien, wo die Digitalisierung noch viel weiter vorangeschritten ist. Aber können diese Maschinen wirklich emotionale Leerstellen im Menschenleben ersetzen? Dahinter ist die Suche nach einem Echo, einem Widerhall der Existenz zu spüren in einer Gesellschaft ohne psychotherapeutische Praxen. Es ist die

Sehnsucht, dass jemand sich um einen kümmert oder wie beim Tamagotchi vor etwa zwanzig Jahren, dass man sich um jemand anderen sorgt, auch wenn es nur ein künstliches Wesen ist. Der Mensch, so könnte man schlussfolgern, ist eben ein soziales Wesen, ein ursoziales Wesen mit einer gesellschaftlichen Programmierung in seinem genetischen Code, die unersetzbar erscheint. Auch wenn einem viele dieser, fast surreal anmutenden Angebote wie Surrogate vorkommen, werden sie aber von den Betroffenen vielleicht nicht so wahrgenommen. Immerhin wünscht man den japanischen Berufstätigen in dem von allzu großem Leistungsdruck gekennzeichnetem Berufsalltag zumindest etwas weniger Rigorosität und dafür mehr menschlichen Ausgleich und sozialen Austausch.

ANKUNFT IN BURMA

Nun bin ich in Burma gelandet, nachdem ich mir von Bangkok einen Flug nach Rangoon gebucht hatte. Was für eine andere Welt eröffnete sich mir hier in der burmesischen Hauptstadt, in der vierzehn Jahre später das Militär gewaltsam gegen das auf der Straße protestierende Volk vorgeht, wie es im Frühjahr 2021 passierte, und jeden Tag uns neue Nachrichten aus Myanmar über getötete Demonstranten der Demokratiebewegung erreichten. Damals im Januar 2007 fiel mir auf der Rückfahrt zum Flughafen Rangoon eine große Tafel auf mit den Worten „Towards a new modern nation", die gleichermaßen an die Landsleute wie an die auswärtigen Besucher gerichtet zu sein schien. Scherzhaft sagte man damals, die Burmesen würden noch in der Steinzeit leben. Aber nein, so bedeutete diese Ankündigung, wir Burmesen bewegen uns in Richtung Moderne, bitte habt noch etwas Geduld mit uns. Wir wollen ja modern sein, aber es wird noch ein wenig Zeit brauchen. Die Zeit für weitreichende soziale und politische Veränderungen im Sinne einer Demokratisierung des Landes, vielleicht sogar für einen Sturz des mächtigen Militärs scheint nun endlich gekommen zu sein, so hoffen zumindest die demokratischen Länder des Westens.

Als ich im Januar 2007 nach Burma reiste, waren es vor allem die heiligen Stätten, die mich angezogen hatten, allen voran der Shwedagon-Stupa, die Stupas und Tempel von Bagan und Mandalay im Norden von Burma. Schon am zweiten Tag in Rangoon fuhr ich hinaus zur goldglänzenden „Königin aller Pagoden", dem üppig mit Gold und Edelsteinen geschmückten Stupa, der eine Art Nationalheiligtum und Wahrzeichen von Burma ist. Ich ging vom östlichen Eingang des heiligen Bezirks die Treppen hinauf an vielen Verkaufsständen mit Devotionalien, Blumen und geschnitzten Holzfiguren vorbei und blieb bei einem Laden stehen, der feine Buddhafiguren feilbot. Darunter waren solche aus burmesischem Holz, andere (feinere) aus indischem Sandelholz neben noch kostspieligeren aus Elfenbein oder Jade. Ich entschied mich für den Kauf eines Sandelholz-Buddhas, der seit der Rückkehr eines meiner Bücherregale schmückt. Die wunderbare Freundlichkeit der Menschen, die spontane Freude und das natürliche Lächeln, das den Burmesen so leicht über die Lippen und Wangen geht, lassen ein Gefühl des Wohlbefindens und des Willkommenseins entstehen, das durch ungezwungene Begegnungen unterwegs mit Kindern, Mönchen, Familien noch verstärkt wird. Auf den Straßen von Yanguns Chinatown, wo ich gestern Nachmittag flanierte, erntet man überall Aufmerksamkeit und oft eine natürliche Geste der Begrüßung, der Herzlichkeit und Gastfreundschaft. Viele Passanten, die sich zutrauen, Englisch zu reden, sprechen dich an, wollen wissen, woher du kommst und wie lange du bleibst. Ein älterer Mann, ein Chinese, begleitete mich ein Stück des Weges und gab mir Ratschläge beim Einkaufen. Es ist für uns etwas ungewöhnlich, direkt auf der Straße zu kochen und zu speisen, aber in Myanmar ist es ganz normal. Auf dem Trottoir sind ein paar Holztische aufgebaut, auf denen die Behälter mit Zutaten und der Herd stehen, und man zeigt mit dem Finger darauf, was man haben will. Zum Essen setzen sich die Leute einfach auf die kleinen Plastikschemel und schmausen draußen, während die Leute an einem vorbeigehen.

DAS WUNDER VON BAGAN

Eine unglaubliche Vielzahl von Pagoden, Stupas und Tempeln erhebt sich auf
einem noch überschaubaren Territorium von sechzehn Quadratkilometern. Ein
Bauwerk ist grandioser als das andere: spitz zulaufende, wie gotische Kathedra-
len aufwärtsstrebende Pagoden mit unzähligen kleinen Türmchen und bevölkert
von Buddhafiguren, aber auch von echten Betern und Mönchen, geschmückt
mit buddhistischen Emblemen, Gebetsfähnchen, Opfergaben. Auch pyrami-
denförmige, den Maya-Pyramiden ähnelnde Tempel habe ich gesehen. Es sind
riesige, vollständig symmetrisch, nach kosmisch-astronomischen Vorstellungen
und Maßen konstruierte Bauschöpfungen, die mitten in der einsamen, kaum be-
wohnten Landschaft unweit des Ayeyarwady (= Irrawaddy)-Flusses in den Himmel ragen. Die Denkmäler legen Zeugnis ab von der Bedeutung und Größe des
buddhistischen Glaubens für die alten Birmanen, deren Könige diese Stupas
und andere Sanktuarien zwischen dem elften und dreizehnten Jahrhundert haben bauen lassen. Was für eine ungeheure Anstrengung muss das dienende Volk
in diesen knapp 250 Jahren (der Blütezeit von Bagan) geleistet haben, ein Volk,
dessen fleißige Hände die Millionen und Abermillionen von Ziegelsteinen erst
brennen, dann über den Fluss transportieren und schließlich aufeinandertürmen
mussten. Diese ungeheure Leistung lässt sich kaum ermessen, aber es verlangt
uns als zeitgenössische Besucher größten Respekt ab. Dabei sollen in Bagan im
Mittelalter sogar über zehntausend solcher Sakralbauten errichtet worden sein,
von denen nur etwa zweitausend zum Teil erstaunlich gut Erhaltene noch stehen.
In einem Tempel, dem Ananda-Tempel, haben sich sogar achtzig Originalreli-
efs mit Szenen aus der Buddha-Legende im Inneren erhalten. In einem anderen
Tempel hatte sich eine kinderreiche Familie häuslich eingerichtet. Von Stupa zu
Stupa kann man sich fahren lassen oder die etwas kürzeren Wege auch leicht zu
Fuß zurücklegen. Viele Gebäude sind unzugänglich, dafür sind die Freitreppen
am Außenbau eine willkommene Gelegenheit, hinaufzuklettern und sich an der
Panorama-Aussicht von der oberen Terrasse zu erfreuen. Im Anblick der unter-

Links: *Shwedagon-Pagode in Rangoon, Myanmar.*
Rechts: *Die Tempellandschaft von Bagan, Myanmar. Mit Dank a. d. Website www.yesofcorsa.com*
für die freundliche Abdruckerlaubnis.

gehenden Sonne setzte ich mich längere Zeit auf dem hohen Treppenabsatz einer freistehenden Pagode nieder und betrachtete die in der Ferne in bläulichem Dämmer versunkenen Berge. Mir kamen dabei die dichterischen Worte Buddhas aus dem **Dhammapada** in den Sinn:

Wisse, dass der Körper nur die Schaumkrone einer Welle ist, der Schatten eines Schattens. Zerbrich die Blumenpfeile des Begehrens, entkomme ungesehen dem König des Todes, und setze deine Reise fort. [9]

---

9   Zit. n. der Ausgabe: Dhammapada. Die Grundlagen der buddhistischen Lehre. Droemersche Verlagsanstalt München, S. 28.

REISEAUFZEICHNUNGEN AUS VIETNAM

Saigon, 2. Januar 2007

Auf dem Weg nach Mui-Nê kamen wir an einem Monument vorbei, das von weitem wie ein Gebirge aussah. Von der anderen Seite konnte man deutlich das in rötlichen Sandstein gehauene Konterfei eines vietnamesischen Nationalhelden und neueren Namensgebers der Stadt Saigon ausmachen, von Ho Chi Mingh selbst: ein gigantisches Propagandawerk, das gleich am Eingang der Stadt in der Nähe eines großen Vergnügungsparks steht. Irgendwie erinnerte mich dieses aufgetürmte steinerne Antlitz an die Präsidentenköpfe in Hollywood, die ebenfalls in den Stein gemeißelt wurden und fast synonym mit der Filmmetropole geworden sind. Hier wie dort ist es die große Geste der Inszenierung und Übersteigerung, die uns heute skeptisch stimmen mag.

In Saigon spielt sich das Leben weitgehend auf der Straße ab, vor der Haustür. Man isst meistens draußen. Schnell baut jemand einen Tisch auf mit einem kleinen Grill. Freunde und Bekannte versammeln sich um das Feuer und essen gemeinsam. Romantische Stille herrscht aber hier fast nirgendwo. Ständig rasen die tausend und abertausend Motorrad- und Mopedfahrer, Cyclos und Autos vorbei, machen einen Höllenlärm und verpesten die Luft. Viele Leute tragen deshalb einen Atemschutz, ein Tuch oder eine weiße Binde vor dem Mund. Der Alltag muss ziemlich ungesund sein in dieser Millionenstadt und schlägt sich auch in der niedrigeren Lebenserwartung nieder. Die Haut altert früher, Atemwegserkrankungen treten häufiger als anderswo auf. Mit fünfzig Jahren sehen manche Vietnamesen schon aus wie Menschen bei uns mit 65 oder 70. Je weiter wir uns entfernten vom Stadtzentrum Saigons, desto weniger war die Luft verschmutzt und desto mehr glich das monomanische Denkmal des Ex-Präsidenten einer Phantasmagorie der Vergangenheit.

Wir sitzen im Zug von Da Nang nach Hanoi, den ich mit Mühe und Not noch rechtzeitig erreichte. Ich war zwar schon etwas früher am Bahnhof, musste aber noch Geld eintauschen, was mir schließlich bei einem Juwelier(!) glückte, der mir eine Million Dong für Fünfzig Euro anbot, ein korrekter Tausch, wie ich fand. „That's the official rate, man!" sagte er nur. Dann schwang ich mich auf das nächste Motorbike, um schnellstens zurück zum Bahnhof zu kommen. Es blieb gerade noch Zeit, in einem Lokal eine Noodlesoup zu ordern, die in wenigen Minuten auf dem Tisch stand. Ich glaube, diese Nudelsuppe habe ich in Rekordzeit hinuntergeschlungen! Mehr als fünf Minuten können es wohl nicht gewesen sein! Eigentlich schade, denn es war eine von diesen kräftigen Suppen, die Tote wieder zu Lebenden machen, wie ich in Asien manchmal scherzhaft zu sagen pflegte, mit anderen Worten, eine äußerst gehaltvolle, mit Kräutern gewürzte, schmackhafte Suppe, die es in sich hatte, mit allem, was der Körper braucht, um bei Laune zu bleiben und gestärkt die Reise fortzusetzen.

Die Stimme aus den Lautsprechern im Zug war bezaubernd, eine hohe Frauenstimme, die wahrscheinlich sonst zarte Liebeslieder singt oder besser gesagt, haucht. Was es auch immer war, es klang sehr beruhigend, unterstützt von einem sonoren klassischen Orchesterklang im Hintergrund. So dösten mein Reisebegleiter aus Shanghai und ich vor uns hin und merkten erst sehr spät, dass wir in Danang angekommen waren, wo wir vorhatten, die nächste Zwischenstation einzulegen.

AUSFLUG ZU DEN TEMPELRUINEN VON MY SON

Der Tag hatte heute sehr früh begonnen mit einer Fahrt um fünf Uhr morgens, als es noch trocken war, zu den bedeutendsten Tempelstätten der Cham nach My Son, die südwestlich von Hoi An mitten im Urwald liegen. Nach einem kurzen Halt mit Frühstück kamen wir als erste Besucher gegen halb sieben am wirklich „schönen"(My) „Berg"(Son) im strömenden Regen an, kein wirklich einladendes Wetter für Tempelbesichtigungen im Freien. Aber wir hatten einen sympathischen einheimischen Guide dabei, der häufig zu Scherzen aufgelegt war. Keine schlechte Eigenschaft, wenn es in Strömen regnet. Dennoch waren die Ruinen höchst eindrucksvoll, allerdings überwachsen von Bäumen und Schlingpflanzen,

Sträuchern und Büschen vom ringsherum wuchernden Urwald, ähnlich wie ich es in Angkor-Wat in Kambodscha vor ein paar Tagen schon erlebt hatte. Die sattgrünen Hügel leuchteten vom frischen Regen. So bedeutend diese gewaltigen Tempel einst in den Himmel ragten, so wenig lässt sich heute die Größe und Pracht der Tempel und Türme mit ihrem reichen Figurenschmuck ahnen, da sehr viel zerstört wurde durch Kriege, insbesondere Ende der sechziger Jahre während des letzten Vietnamkriegs. Mehr als zwei Drittel der Tempelanlagen (ursprünglich fast siebzig Gebäude) wurden damals von den Amerikanern verwüstet. Nur zwanzig Ruinen sind erhalten geblieben. Die meisten dieser Überreste wurden Anfang des 20. Jahrhunderts von französischen Archäologen sorgsam freigelegt und von Parmentier mit Buchstaben bezeichnet. Es ist für Besucher nicht einfach, eine genaue Vorstellung von der Bedeutung und Funktion dieser Bauten zu bekommen. Wie waren sie angeordnet? Das klassische Schema der Cham-Heiligtümer sah den ‚Kalan‘ (der Cella im griechischen Tempel vergleichbar) in der Mitte vor, wo die zentrale Kultfigur, meistens eine Hindu-Gottheit (Shiva oder Vishnu) verehrt wurde. Links vor dem ‚Kalan‘ lag die sogenannte Bibliothek mit geschwungenem Dach zur Aufbewahrung von zeremoniellen Gegenständen und heiligen Schriften. Vorgelagert waren ein Eingangspavillon (der ‚gopura‘) und eine längliche Vorhalle zur Vorbereitung der Zeremonien und Prozessionen (die ‚mandapa‘). Die ältesten noch vorhandenen Tempel sind aus Ziegelsteinen erbaut worden anstelle früherer Holzbauten und wurden in späteren Jahrhunderten mehrfach erneuert und mit neuen Reliefs und Skulpturen geschmückt, zum Teil im Auftrag anderer Könige aus Angkor Wat etwa. Die einzigen schriftlichen Zeugnisse sind die Stelen im Tempelbezirk, wo in Sanskrit der Stiftername genannt wird, wie zum Beispiel König Jaya Hanvarnan I., der Mitte des 12. Jahrhundert regierte und einen Tempel dem Gott Shiva und seinen verstorbenen Eltern widmete.

HANOI   9. Januar 2007

Die Sonne geht unter hinter den Dächern der Altstadt von Hanoi. Ich sitze auf der Terrasse des City View Café und genieße die Aussicht auf einen der befahrensten Plätze der Stadt. Das fast ununterbrochene Hupen der Motorradfahrer und Autos schallt bis hier hinauf und doch bleibt man gelassen, genießt die Ruhe abseits der Hektik dieses chaotischen Straßenverkehrs. Die rote Scheibe wandert nun rasch vorüber an den Mauern des Lake View Cafés, das gegenüber liegt, und wird gleich verschwinden, während bald danach die Dämmerung hereinbricht und ein neuer belebter Abend in Hanoi seinen Lauf nimmt.

Noch weiß ich nicht, wann ich weiterreisen werde nach China. Erst wenn ich die Zugfahrkarte nach Nanning habe, erfahre ich, wieviel Tage ich hier noch bleiben kann, um das Treiben der Hauptstadt Vietnams weiter zu beobachten. Wenn ich noch länger verweile, werde ich sicher einen Tag der Parfümpagode widmen und ihrer (angeblich) atemberaubenden Landschaftskulisse samt Karstfelsen, Wasserfällen, verträumten Seen und beweihräucherten Schreinen. Zeit habe ich noch, wenn auch nicht im Übermaß. Der Ausflug in die Halong-Bay hat sich wirklich gelohnt: soviel spektakuläre, malerische, ja poetische Naturschönheit bekommt man selten so konzentriert an zwei Tagen geboten. Erst ging es mit dem Bus zum Pier in Halong City, dann mit einem rustikalen Drachensegler weiter zu den traumhaften Felsinseln, von denen es dort mehr als genug gibt. Unbewohnt sind sie fast alle und liegen in stolzer heroischer Abgeschiedenheit und Einsamkeit, die nur von Ausflugs- und Fischerbooten gestört wird. Adler kreisen beständig über den steilen Felsbergen und Eilanden, die übergrünt sind von kleinen Wäldchen und Inkapalmen. Einige schmale Strände säumen die Ufer der etwas größeren Inseln, aber zu dieser Jahreszeit sieht man nur wenige Leute, die sich ins Wasser trauen. Zum Schwimmen ist es etwas zu kühl, dafür sind aber Kanupartien eine sportliche Alternative. Mit einem jungen Franzosen von unserem Schiff, auf dem wir übernachten, habe ich gestern eine kleine Kanutour unternommen. Dabei gelangten wir in eine abseits gelegene, kaum besuchte Lagune, in die man durch einen Felsbogen hineinfährt und dann plötzlich umgeben ist von hochaufragenden Felsriesen. Ruft oder schreit man dann, schallt ein Echo zurück, wie bei uns in einer Alpenschlucht. Eine lustige Erfahrung! Immer wieder fährt man an bizarr geformten Felseilanden und Klippen vorbei, staunt ob der Schöpferkraft der Erde vor Zeiten, die solche Naturkunstwerke hervorgebracht hat, die kein Mensch je schaffen wird, so sehr er sich auch bemüht, sie in künstlichen Paradiesen nachzuahmen. Die Natur ist die große Meisterin, und hier gehorcht alles ihren Winken und ihrem Wirken. Über den Felsspitzen kreisen Seeadler auf der Suche nach Beute. In den schwimmenden Dörfern sind Fischer beschäftigt mit dem Ausspannen der Netze. Einen riesigen Fisch von über einem Meter Länge durfte ich bestaunen, als wir mit dem Kanu vorbeifuhren, und ein Fischerjunge gab uns das Zeichen für eine Stippvisite. Die bunten Häuser, die auf dem Wasser schwimmen, sind mit Leinen festgebunden und reihen sich aneinander. Die Fischerfrauen fahren mit Booten hinaus, auf denen Obst, Gemüse und Getränke ausgebreitet sind, zu den Touristenbooten, um ihnen ihre Waren anzubieten. Handeln ist dabei nicht verboten, denn der Preis, den sie ansagen, ist nur der Ausgangspunkt für emsiges Feilschen um den Endpreis. Die Kinder sitzen mit im Boot und schauen verwundert zu, während ihre Mütter sich bemühen, ihre Waren loszuwerden. Immer wenn wir mit dem Schiff anhalten, scharen sich die Bootsverkäuferinnen um den Ausstiegspunkt und wetteifern um die Neugier und Kauffreude der Fremden. Heute hielten wir in der Nähe von drei Naturgrotten, die wir auf einem kleineren Boot durchfuhren, während Lichtmalereien und Sonnenspiegelungen über die Grottenwände liefen und seltene Einblicke freigaben. Eine ganz eigene Poesie entfaltet sich in diesen einsam gelegenen Buchten, die nur dem Spiel von Licht und Schatten, dem Wuchern der Vegetation und dem Wechsel der Gezeiten ausgesetzt sind. Nur ab und zu hebt ein Boot mit leisem Stimmengemurmel die weltferne Stille dieser Orte auf. Wie herrlich ist es, diese einsame, reine und unverfälschte Natur zu betrachten und dabei über die Schönheit der Schöpfung und das Wunder ihrer Entstehung nachzudenken!

Nach der Schiffsfahrt und dem intensiven Hören einiger Instrumentalkonzerte
von Bach über Kopfhörer schrieb ich kurz zusammengefasst mein künstlerisches
Credo nieder, das „Lob des Immateriellen oder wozu der Künstler berufen ist":

Die Musik ist die reinste Form der Kunst, die subtilste Art, mit dem Über-
irdischen zu kommunizieren, die geistigste Tätigkeit des Menschen. Da sie, wie
unser Musiklehrer einmal bemerkte, keinen Stoff hat, der abgerechnet werden
muss, beruht sie auf dem Immateriellen, rein Geistigen. Die Musik ist göttlichen,
nicht menschlichen Ursprungs, obwohl sie vom Menschen hervorgebracht wird.
Sie verbindet die menschliche Seele mit dem Göttlichen, daher ist sie im tiefsten
Sinne religiös, das heißt rückbindend an das Göttliche Prinzip, die Ewigen Ge-
setze, nach denen alles Irdische, Planeten, Sonne und Sterne, kurz alles Seiende,
im Kosmos Sichtbare geschaffen wurde und immer neu geschaffen wird. Musik
ist die höchste Form der Religion, da sie uns unmittelbar durch das Gefühl mit
der Liebe, dem Heiligen und dem Unnennbaren verbindet. Es ist die Liebe allein, die es vermag, Geist und Seele wieder in das harmonische Gleichgewicht
zu versetzen, in den Einklang mit dem tönenden, von himmlischem Klang erfüllten All, wie es schon Pythagoras in seiner Vorstellung der „Sphärenharmonie"
der Planeten formuliert hat.

Musik ist das ewige Gesetz des Universums: Alles im Kosmos lebt in Harmonie mit dem Uranfang, dem ersten Klangschöpfer und -Erhalter, dem Ur-Or-
pheus, dem ersten Sänger des Weltalls, der den frühesten Ton anschlug auf der
Leier des Universums.

Wir Menschenseelen sind Stimmen in diesem musisch beschwingten Weltall,
aber nicht zu Hause in dieser endlichen, begrenzten Welt. Unsere eigene Stimme
müssen wir finden, um zu uns zu kommen, um ganz wir selbst, das heißt Musik zu werden. Wenn wir das Kleid unserer materiellen Existenz abgelegt haben,
werden wir uns hineinverwandeln in die weiten Klangräume der unsichtbaren
Welt, um Resonanzkörper und Spieler im kosmischen Konzert zu werden. Das
könnte unsere höchste Aufgabe als Künstler, Musiker und Dichter sein. Diese
Aufgabe zu verwirklichen, bedeutet, weit über die sichtbare, sinnlich erfahrbare

Welt hinaus zu gehen. Wir transzendieren immerfort in der Ausübung der Kunst, denn diese ist die *wahre* metaphysische Tätigkeit des Menschen, wie Nietzsche behauptet hat. Glauben heißt als Künstler, diese metaphysische Tätigkeit bedingungslos und entschieden ausüben zu wollen.

REISESKIZZEN AUS INDIEN   Februar-März 2008, Neu-Delhi

Jeden Tag wird es jetzt heißer. Es ist erst zehn Uhr morgens, aber schon brennt eifrig die Sonne herunter. Die Stadt liegt in einem dichten Dunst, in dem sich Hochhäuser und Türme nah und fern nur als Silhouetten abzeichnen. Ein Häusermeer erstreckt sich, soweit man schauen kann. Der Himmel von Delhi ist milchig, grauweiß, von Blau nicht mal eine Spur. Die Luft ist so verschmutzt, dass die Nasenlöcher am Abend voller Dreck sind, vom Staub, den die übermäßiggeschäftigen Straßen der Stadt tagsüber aufwirbeln. Mit dem Tuk Tuk oder der Rikscha bin ich mitten durch diese vor Menschen wimmelnden Straßen gefahren und das oft in einem „Affentempo". Man sieht Fußgänger, die halsbrecherisch die überfüllten Verkehrswege überqueren, fliegende Händler, stolpernde Bettler. Man fährt an Straßenküchen vorbei, wo es brutzelt und kocht. Unzählige Düfte und Gerüche durchziehen die Luft, die von den vielfältigen Aktivitäten auf der Straße zeugen. Jeder Tag in Delhi ist ein ununterbrochener Angriff auf die zumeist überforderten Sinne. In einer Minute strömen so viele neue und fremde Eindrücke auf einen ein, dass man Mühe hat, sie überhaupt nur annähernd zu verarbeiten, geschweige denn zu verkraften. Irgendwann lässt man sich einfach treiben in diesem grenzenlosen Meer von Menschen, Fahrzeugen und Waren. Immer wieder grüßen neugierige Passanten, winken einem zu, vor allem junge Leute und Kinder, die lächeln und strahlen, wenn man auf sie reagiert. Aber auch etwas befremdete oder verstörte Gesichter meine ich zu sehen, die fast ungläubig dreinschauen, was man hier als Tourist bloß verloren habe oder warum man sich das als Europäer antue. Ich glaube, es ist dieses unglaublich andersartige, akzelerierte Lebensgefühl inmitten dieser Menschen- und Ereignisdichte, das sinnliche Abenteuer, in diese schwarmartigen Lebensfluten einzutauchen, die Neugier zu stillen und einen augenblickshaften Daseinsgenuss zu verspüren.

Die Normalität und das Strukturiert-Sein unseres Verkehrs im Westen ist mir umso bewusster geworden, je mehr ich dem permanenten Chaos in den indischen Großstädten ausgesetzt war. Ständig wird gehupt, überholt, es wird nicht geblinkt (die Rikschas haben ohnehin keinen Blinker), sondern allenfalls wird der Arm rausgehalten. Ansonsten fährt man darauf los, man hupt und hofft, dass der andere stehen bleibt oder ausweicht. Die Dichte des Verkehrs, wie ich ihn in Delhi und Bombay erlebt habe, ist die eines Bienenschwarms. Ein ständiges Getöse und Durcheinander, das die Menschen ständig Stresssituationen und Überbelastungen aussetzt. Man muss unheimlich schnell reagieren und auch ziemlich aggressiv fahren, wenn man in diesem Verkehr bestehen will. Es geht drunter und drüber, dennoch passieren erstaunlich wenige Unfälle. Die Straßen sind gesteckt voll. Das ganze Leben findet auf der Straße und im Freien statt. Von der Dichte der Menschen und Fahrzeuge in den indischen Metropolen kann man sich hierzulande kaum einen Begriff machen. Das muss man gesehen und erlebt, hoffentlich auch überlebt haben!

RAJASTHAN: JODPUR- DIE BLAUE STADT   Februar 2008

Ich genieße die erfüllten Augenblicke, während ich hinunterschaue auf die Blaue Stadt, die Kolonie der Brahmanen. Deren Häuser haben indigogetünchte Wände, die aufleuchten in der spätnachmittäglichen Sonne Rajasthans, die nun langsam zu sinken beginnt. Auch ich versinke in ein rauschhaftes Erleben, von der Schönheit der Stadt geblendet. Das Sonnenlicht tanzt auf den weißen und blauen Mauern und Wänden, wandert durch dieses leuchtende Labyrinth aus Stein. Ich stelle mir vor, wie vom Himmel herab geflügelte Geschöpfe diese blaue Traumstadt erblicken mögen, wie sie leuchtet im Kosmos. Farbenfrohe Engel fliegen dort nieder, für uns unsichtbar, und beseelen die Stadt mit einem unwirklichen Glanz. Alles Schwere fällt nun ab von mir. Ich lasse meine Augen schweifen über die Häuser zu den Hügeln, die die Siedlungen überragen, und sehne mich nach dem rein gezeichneten Horizont, der Geist und Seele ins Unermessliche zu erheben vermag. Ganz unwillkürlich reift in uns der Gedanke an die Groß-artigkeit der Schöpfung, an dieses von Schönheit reich gesegnete, aber auch von Schrecken heimgesuchte Land, das Indien auch ist, neben allem Chaotischen und Unbegreiflichen, das eine Reise auf diesem Kontinent zu einem fast unun-terbrochenen Abenteuer macht.

JASWANT THADA

Eine weiße Feerie aus Marmor, das ist Jaswant Thada, ein Mausoleum, das die Erinnerung an die Herrscherfamilien der Rathors von Marwar wachhält. Viele schon etwas verfallene Kenotaphe ohne erkennbare Inschriften (Wer dort be-stattet wurde, wer will es heute wissen?) stehen nebeneinander unterhalb der Mauern des reich verzierten Grabmals für den 1895 verstorbenen Jaswant Singh II. Von dort habe ich einige pittoreske Aufnahmen machen können, eingerahmt von frühlingshaft üppiger Flora (Oleander, Bougainvillea und eine Art indischer Goldregen), hinter der sich das Schloss der Rathors inmitten karger, einsamer Landschaft erhebt. Unterhalb des Jaswant Thada erstreckt sich ein grün schim-mernder, mystischer See, künstlich angelegt, der See der Toten, in dem die Schat-ten der steinernen Gitter der Schlossfassade umherwandern. Etwas nachdenklich schrieb ich dort dieses Haiku:

> Was bleibt von der Macht
> Vom Ruhm der Herrscher? Asche
> Erloschene Pracht

Blick auf das Mausoleum von Jaswant Thada in Jodpur. © MML 2008

JAIPUR

Gestern entdeckte ich beim Vorbeifahren ein Schild, auf dem ein Literatur- und Kunstmuseum angezeigt war. Ich bat den Rikscha-Fahrer, am nächsten Tag dort abzubiegen und fand tatsächlich gleich dieses private Kunstmuseum, das sich Shree Sanjay-Sharma-Museum and Research Institute nennt (zu Ehren des jung verstorbenen Sohnes des Gründers). Der älteste Sohn des nunmehr 74-jährigen Gründers begrüßte mich und war gleich bereit, mir die kostbare Sammlung seines Vaters zu zeigen. Ich war äußerst überrascht, wie umfangreich die einzelnen Sammlungen waren. Unzählige Miniaturmalereien aus den verschiedensten Schulen Rajasthans (vor allem die von Bikaner war gut vertreten) bedeckten die Wände der vier Ausstellungsräume: Malereien auf Baumwolle und Seide. Auch seltene Drucke, Glasbilder und Scherenschnitte vor allem mit religiösen Motiven waren zu sehen. Hier triumphierte der populäre Liebesgott Krishna in den poetischen Legenden, die die Bilder erzählen. Immer wieder erblicken wir den schönen musischen Gott mit der Flöte, vereint mit seiner Geliebten Radha, mal umgeben von einer Schar hübscher junger Mädchen, mal allein im Wald Radha liebkosend, mal als Kind. Etwas erinnert die Götterlegende Krishnas an die seines griechischen Kollegen, des Göttervaters Zeus, der ja auch unzählige Frauen verführte, nur dabei sich meistens der Tiergestalt bediente. Großartig waren auch die illustrierten, mit Malereien geschmückten alten Handschriften. Über 125.000 Manuskripte werden in dem Research Institute verwahrt, in über 25 Sprachen, vom Neunten bis Zwanzigsten Jahrhundert, eine wahre bibliophile Schatzkammer, eine Art Schrift- und Literaturgedächtnis Altindiens. Die gesamte Kultur und Zivilisation Indiens ist hier von einem einzigen Mann in über fünfzig Jahren zusammengetragen worden. Umso mehr wundert man sich, dass der Staat oder die Kulturbehörde der Region nicht bereit sind, notwendige Mittel zur Verfügung zu stellen, um die Sammlung für die Forschung und die Nachwelt zu bewahren. Der etwas theatralisch die unbefriedigende Situation beschreibende Kurator sprach von dem Projekt, ein Grundstück in der Altstadt von Jaipur zu erwerben, um dort ein längst überfälliges, neues, großes und den Ausstellungs- und Forschungszwecken angepasstes Gebäude bauen zu lassen.

Gestern kam ich spät abends, nachdem ich noch einen kleinen tibetanischen Bronze-Buddha erstand, an einem Hindu-Tempel vorbei, wo viele Gläubige im Vorbeigehen die Glocke schlugen und ein Blitzgebet an die Götter richteten, in der Hoffnung, dass diese besser erhört würden. Ich ging hinein in den Tempelbereich, um mich dort in den vielen Gebetsnischen etwas umzusehen und unterhielt mich mit einer leuchtend grün gewandeten Dame, die am Eingang saß und sich nach allem Möglichen erkundigte.

Heute früh, noch vor Sonnenaufgang, verließ ich Jaipur. Meine innere Uhr hatte mich zur richtigen Zeit geweckt, so dass ich pünktlich am Bahnhof eintraf. Die zwei Tage in Jaipur, in der Hauptstadt Rajasthans, waren sehr intensiv: der erste Tag, ganz abseits der gängigen Touristenpfade, führte mich in ein noch unverfälschtes Viertel, wo ich den Handwerkern zuschauen durfte, während ich mich mit jungen Leuten unterhielt. Ich sah mir ein altes Haus aus dem 18. Jahrhundert an, in dem angeblich mehrere Großfamilien, insgesamt also fast fünfzig Personen zusammenlebten, ein recht bescheidenes Wohnhaus, in dem in unseren Breitengraden wahrscheinlich nicht mehr als fünf Personen wohnen würden. Der Sohn des Hauses lud mich ohne Zögern zu seiner Hochzeitsfeier ein. In diesem armen Viertel kam ich an einem Tempel vorbei, der mich sofort anzog durch seine Aura des Ursprünglichen, des gelebten, praktizierten Glaubens. In dem Hof vor dem Eingang zum Tempel saßen viele alte, in farbenfrohe Saris gekleidete Frauen. Sie sangen, beteten und beachteten mich kaum, außer einer lustigen Alten, die vor mir tanzte und später dafür selbstverständlich ein ordentliches Bakschisch haben wollte. Vor der Tempelpforte mit ihren grandiosen Silberschmiedearbeiten saß ich lange nieder, an einen Pfeiler gelehnt, um die Figuren zu erkennen und die schönen Wandmalereien (natürlich mit der Krishna-Legende) näher zu betrachten.

AMBER

Gestern bin ich am Vormittag nach Amber gefahren, der alten Residenzstadt der Rajputen, die Rajasthan seit Mitte des zwölften Jahrhunderts zur Hochburg eines fürstliches Indien gemacht haben. Erst um 1727 wurde die heutige Hauptstadt Jaipur gegründet. Der honigfarbene Amber-Palast thront auf einem Bergrücken und ist von einer kilometerlangen Befestigungsmauer umgeben, die sich weit ins Tal und über die angrenzenden Berge ausdehnt. Anstatt einen der Elefanten zu besteigen, erklomm ich zu Fuß das Fort, kletterte auf eine Mauer, von der man sowohl die Anlage des Palasts, die Festung, als auch die Stadt Amber überblicken

Amber-Fort: Durchblick am Eingangstor. © MML 2008

konnte. Auf dem Weg zum Fort trottete ein Elefant nach dem anderen gemäch-
lich hinauf, mit seiner zweifachen Touristenladung. Zweimal kreuzte der Elefan-
tenpfad den Fußweg, an einer Stelle lud ein Tempel zum Blumenopfer. Der Palast
selbst enttäuschte etwas, nicht nur wegen der im Vergleich zu Jodpur oder Udaipur
weniger prächtigen Architektur, sondern auch durch den maroden Zustand der
gesamten Anlage, die mehr und mehr verfällt und (konservatorisch gesehen) in einem ziemlich erbärmlichen Zustand ist. Beeindruckend ist allein die Audienzhalle
(Diwan-i-Am) mit ihren vielen Säulen und Kapitellen aus rotem Sandstein und
goldgelbem Marmor. Diese Halle wurde allerdings später etwas verunstaltet, angeblich, um den Neid des Moghul-Herrschers Jahangir zu besänftigen. Der private
Audienzraum, der Jai Mandir, ist der schönste und am reichsten ausgeschmückte
Palastraum. Er ist verspiegelt (auch die lichtspendende Stuckdecke zeigt aufhel-
lende Spiegel) und mit vielen Pflanzenmotiven, Blumenvasen in Marmorreliefs
und farbigen Glasmosaiken geschmückt. Die größte Zierde war für mich jedoch
eine bildhübsche junge Frau mit dunklen langen Haaren in Begleitung ihrer Eltern, die ich immer wieder ansehen musste, da sie mir so schön und liebreizend
erschien wie eine Feengestalt aus dem Märchen *Sakuntala* von Kalidâsa. Etwas
verschwitzt aufgrund der Mittagshitze verließ ich bald darauf den Palast und lief
wieder hinunter ins Tal. Mit dem Bus fuhr ich dann zurück Richtung Jaipur und
kam an dem berühmten Wasserpalast Jal Mahal vorbei, der wieder einmal restauriert wurde. Ich stieg spontan an einem Mogul-Palast aus, der in keinem Führer
verzeichnet ist, nichtsdestoweniger ein äußerst homogenes und prachtvolles Ensemble darstellt, mit seinen Pavillons, Terrassen und Wohngemächern erstaunlich
gut erhalten ist und selten von Ausländern besichtigt wird. Angeblich soll Akbar,
der Großmogul von Indien, schon im 16. Jahrhundert sein Lustschloss unweit des
Sees gehabt haben, auf dem das Jal Mahal liegt. Dann stieg ich noch ein zweites
Mal aus und ging schnurstracks in ein Restaurant, wo zufällig gerade drei deutsche Indienbummlerinnen zu Mittag aßen, die mich zu sich an ihren Tisch luden.
Daraus entwickelte sich ein interessantes Gespräch über unsere Indienerfahrungen,
Benares, eventuelle Vorsichtsmaßnahmen auf der Reise dorthin und vieles andere.

Der nächste Ort, an dem ich mich länger aufhielt, war die Straße vor dem rosafarbenen Palast der Winde, einer sehr beeindruckenden Fassadenarchitektur, die durch mehr als 900 Fensteröffnungen aufgelockert wird. Gegenüber, von der Dachterrasse aus, machte ich einige Fotos von diesem berühmten Rajputen-Gebäude, an dem heute der hektische Verkehr vorbeibraust. Ein paar Häuser weiter kam ich zu einem Laden mit Schmuck und Edelsteinen, unterhielt mich mit einem italienisch sprechenden Händler, der mir für einen angeblichen Goldtopasstein fünfzig Euro abnahm. Er meinte, der Preis wäre ziemlich günstig, da er solche Steine auch an Händler auf dem Ponte Vecchio in Florenz zu wesentlich höheren Preisen verkaufe, wie er behauptete. Später stellte sich natürlich heraus, dass es kein reiner Topas war, sondern eine Art Topaszwitter, der aber dennoch Leuchtkraft besaß.

CHITTAURGARH

Ein großartiger und mythischer Ort für die Rajputen-Geschichte von Rajasthan ist das auf einem schmalen, über fünf Kilometer in die Länge sich ausdehnenden Hochplateau gelegene Fort von Chittaurgarh: eine riesige Festung mit Palästen, Türmen, Toren und Tempeln, die mehrfach erobert wurde und bis zur Einnahme durch Akbar den Großen die Hauptstadt des Mewar-Reiches war. Erst nach dem Fall der Festung 1576 wurde die Residenz der Mewar nach Udaipur verlegt. Für die Rajasthani ist Chittaurgarh ein Symbol für den Heldenmut und die Tapferkeit ihrer Vorfahren, ein Ort, dem sie sich mit besonderer Ehrfurcht nähern. Immer noch ist die Erinnerung lebendig an jene stolze, kluge und angeblich bildhübsche Padmini, deren List und Schläue legendär geworden sind. Der Sultan von Delhi Ala-du-din Khillji belagerte die Festung 1303. Er hatte von der unvergleichlichen Schönheit von Padmini gehört und wollte um jeden Preis einen Blick auf sie werfen. Um einen Krieg zu vermeiden und ihre Ehre zu wahren, stimmte Padmini zu, aber unter der Bedingung, dass Ala-du-din sie nur im Spiegelbild sehen dürfe.

Aber schon ihr Spiegelbild entfachte ein solches Begehren in ihm, dass er sie unbedingt besitzen wollte. Ala-du-din entführte daraufhin ihren Gemahl und bat die Schöne, in sein Lager zu kommen. Seinem Wunsch folgend, ersann sie eine List: sie nahm die Einladung des Sultans an und begab sich mit einem Hofstaat von 700 Hofleuten in das Lager des Sultans. Die Dienerinnen wurden von verkleideten Soldaten getragen, denen es gelang, ihren Anführer zu befreien. Aus Rache über diese List versammelte Ala-du-din ein gewaltiges Heer um sich, um die Festung Chittaurgarh zu erobern. Zahlenmäßig weit unterlegen, mussten die Rajputen sich der Übermacht beugen. Dennoch gaben sie sich bis zum Schluss nicht geschlagen und legten das safranfarbige Gewand des höchsten Opfers an, um den Beistand der Götter zu erwirken und, wenn sie schon fallen müssen, einen ehrenhaften Tod zu sterben. Padmini war die erste Königin, die für sich und ihre Dienerinnen den ‚Jauhar‘ wählte, den Freitod in den Flammen, um nicht in die Hände der Feinde zu fallen. Tausende von Frauen zogen sich von neuem ihr Brautkleid an und bestiegen den riesigen Scheiterhaufen. Noch heute zeigt man die unterirdischen Gewölbe im Padmini-Palast, wo dieser massenhafte ‚Jauhar‘ stattgefunden haben soll: ein tragisches, aber nichtsdestoweniger heldenhaftes Kapitel der mittelalterlichen Geschichte Rajasthans, das erstaunliche Parallelen zur Geschichte Aladdins und seiner verbotenen Liebe zu der Tochter des Großwesirs in den *Erzählungen aus 1001 Nacht* aufweist.

BEGEGNUNGEN IN OSIYAN

Gestern fuhr ich mit einem Chauffeur in die knapp sechzig Kilometer nordwestlich von Jodpur gelegene Stadt Osiyan, in der eine Vielzahl architektonisch herausragender Tempel neben sehenswerten Ruinen erhalten geblieben ist. Im achten und zwölften Jahrhundert war der Ort ein wichtiges Wallfahrtszentrum. Osiyan ist eine kleine Oase inmitten der Wüste Thar, einer kargen Landschaft, die streckenweise sehr monoton wirkte. Insofern war mir die Unterhaltung durch

Filmmusik aus Bollywood mit den dazugehörigen Videoclips über einen kleinen Bildschirm im Auto sehr willkommen. Zu meinem Erstaunen tanzten bildhübsche Frauen vor dem Eingang von Hindu-Tempeln, also eigentlich für die Götter, die später tatsächlich als Bildgestalten vorbeischwebten. Das Ganze war sehr melodisch, rhythmisch durchaus fesselnd und von einer schwungvollen Choreographie eingerahmt. Immerhin waren wir fast eine Stunde unterwegs, bis wir in Osiyan ankamen. Den Wagen ließen wir am Ortseingang stehen und gingen weiter zu Fuß in den Ort hinein, wo wir uns erstmal mit einem Chai-Tee stärkten und gleich auch in Kontakt mit Einheimischen kamen, die uns herzlich begrüßten und willkommen hießen. Auffallend hübsche Frauen in leuchtenden Gewändern gingen an uns vorüber, die meisten (leider) verschleiert oder halbverschleiert, aber einige Frauen mit ihren Kindern zogen unsere Blicke auf sich. Am Treppenaufgang zum Durga-Tempel, den wir als erstes besichtigten, war eine nette Familie im „Sit-in" versammelt. Sie begrüßten mich herzlich und ließen die Kinder und das Baby von mir hätscheln. Oben angekommen, herrschte ein reges Treiben um das Opferfeuer und vor dem Bild der Sachiya-Mata, einer Inkarnation der Göttin Durga, die frisch verheirateten Paaren Glück verheißt. Durga ist eine der populärsten Göttinnen im hinduistischen Pantheon, die Tugenden wie schöpferische Kräfte und Weisheit verkörpert. Auf dem Weg hinauf zum Tempel reichten mir Frauen mehrfach weiße Bonbons, Kokosnussschalen und schließlich ganz oben einen heißen, frisch gekochten Getreidebrei, den man im Heiligtum verzehrt. Ich dachte erst, ich sollte die Spenden am blumengeschmückten Altar opfern, wurde aber belehrt, dass ich sie essen oder lutschen sollte, was ich dann auch tat. Sehr beeindruckend sind die vielen Reliefs der Krishna-Legende, die Ganesh- und Surya- (Sonnen) Figuren und insbesondere die Verzierung der Kuppel mit einer Lotosrosette, die von ineinander verschlungenen Nagas, mythischen Schlangen, umfangen ist. Einige Nahaufnahmen von der Kuppel, vom Opferraum und Details des Relief- und Figurenschmucks konnte ich dort unbehelligt machen und den weiten Ausblick auf die Landschaft und die anderen Tempelruinen genießen. Von dort gingen wir zu Fuß weiter zu dem ältesten und bedeutendsten Tempel von Osiyan, dem Mahavihara, einem sehr frühen Jain-Tempel, dessen Ursprünge in das achte Jahrhundert zurückreichen. Auf dem Weg dorthin kamen wir an einem festlich geschmückten Haus vorbei, aus dem laute Musik dröhnte. Der Vater der Braut stand zufällig vor dem Eingang des Hauses und lud mich ein, die Hochzeitsgesellschaft zu sehen und dem Brautpaar zu gratulieren. Das war ein bizarres und dennoch äußerst liebenswertes Schauspiel, dem ich für kurze Zeit beiwohnen durfte. Die Trommeln wurden zunächst heftig geschlagen. Der Bräutigam, im schicken Anzug, die Braut, noch verschleiert, in ein traditionelles, ländlich buntes Festgewand gekleidet, und die vielen bunten Gewänder der Angehörigen und Freunde erzeugten eine lebhafte Farbenpracht mitsamt ihrer Heiterkeit, die ansteckte. Das war mir eine willkommene Über-

Kuppelansicht im Jain-Tempel in Osiyan. © MML 2008

Ansicht eines Tempels in Khajuraho. © MML 2008

raschung und eine sympathisch-gastfreundliche Erfahrung auf dem Land, sogar, ohne dafür zur Kasse gebeten zu werden.

Der Jain-Tempel von Osiyan aber ist ein besonderes architektonisch-künstlerisches Ereignis, auf das man sich eigentlich kaum vorbereiten kann. Sowohl die Harmonie seiner sakralen Architektur wie auch der Reichtum der Skulpturen und Reliefs, mit denen der Tempel geschmückt ist, zeugt von einer Art ästhetischer Überwältigungsstrategie, der man schnell erliegt. Der Besucher sollte sich möglichst viel Zeit nehmen für deren eingehende Besichtigung. „Mahavihara" heißt großes Kloster, aber der Komplex erinnert mehr an einen griechischen Tempel. Ursprünglich befand sich in der Cella ein Kultbild mit dem sitzenden Mahavira, dem Gründer des Jainismus. Der Jainismus ist eine Askese-Bewegung, die die Befreiung der Seele aus dem Geburtenkreislauf und deren Reinigung von materiellen Anhaftungen verheißt. Die Götterwelt der Jains hat aber in der Frühzeit viele Götter aus dem Umkreis des brahmanischen Hinduismus eingemeindet. Deshalb finden wir an den Wänden Figuren des Feuergottes Agni, vom Donnergott Indra, vom Totengott Yama und auch vom Wassergott Varuna, die aus der vedischen Überlieferung stammen. Die Tempelanlage ist im elften und zwölften Jahrhundert mit einem Eingangsbogen versehen und durch kleinere Seitenschreine erweitert worden, so dass sich heute ein umfassendes, über die Jahrhunderte gewachsenes Ensemble von unterschiedlichen Schreinen und Zugangsräumen zeigt. Insbesondere die Eingangshalle mit ihrer majestätischen Kuppel beeindruckt durch ausgeklügelte Kunstfertigkeit und Kühnheit in der Konstruktion. Der Jain-Tempel inspirierte mich spontan zu dieser kleinen Lobeshymne:

Steingewordene Poesie, verwirklichter Traum, von visionärer Menschen Hand entworfen, ein Hymnus aus Stein und Marmor, ein Gesang an die Schönheit, an das gottgeschenkte Leben, die Liebe, die aus Gottesliebe entspringt und in sie mündet, vollkommenes Zusammenspiel von Himmel und Erde, Quadrat und Kreis, von allen geometrischen Formen, aus einem erhabenen Geist geschaffen, mit dem Preis des Allmächtigen auf den Lippen und im Herzen.

DIE TEMPEL VON KHAJURAHO   13. März 2008

Neben den Jain-Tempeln in Rajasthan gehören die in Khajuraho zwischen dem zehnten und elften Jahrhundert gebauten Tempel des Nördlichen Stils zu den von Europäern am häufigsten besuchten heiligen Stätten Zentralindiens. Khajuraho war eine der Hauptstädte des Chandella-Reiches und hat mit über dreißig Steintempeln eines der am besten erhaltenen Tempelareale des Landes. Die turmhohen Tempel, nach hinduistischem Glauben Abbilder der Gipfelkette des Himalajas, der Wohnung der Götter, sind von der Anlage her mit seinen eng verbundenen Elementen, Eingangshalle, Halle, Vestibül und Sanktuarium, in

Ansicht von erotischen Skulpturen an einem Tempel in Khajuraho. © MML 2008

dem das Kultbild eines Gottes aufbewahrt wird, vergleichbar mit der Architektur der antiken griechischen Tempel, die ebenfalls nach Osten ausgerichtet und
auf erhöhten Terrassen errichtet waren. Allerdings ist der Skulpturenschmuck
hier noch viel üppiger und freizügiger als in den antiken Friesen und Giebeln
der europäischen, altägyptischen oder chinesischen Tempel. Die Tempelfiguren
der Tänzerinnen von Khajuraho sind ein in Stein gemeißelter Hymnus an die
weibliche Schönheit, ein Triumph der Erotik im spirituell-religiösen Kontext und
ganz und gar nicht pornographisch. Sie sind die absolute Synthese von Religion
und Sexualität, Glauben und Sinnlichkeit. Die Hindus sehen die erotische Vereinigung von Frau und Mann, nach der Lehre des Tantrismus, als Sinnbild der
Vereinigung der Götter mit der Menschenseele. Die unterschiedlichen Formen
der Liebkosung und Umarmung sind nach dem *Kâmasûtra* von Vâtsyaâyana fan-
tasievoll dargestellt und lassen kaum Wünsche offen im Realismus der gezeigten

Stellungen und Praktiken. Vom Beischlaf im Stehen bis zum *Koitus à la vache* scheint vieles zugunsten größerer Anschaulichkeit dem Tierreich entnommen. Fast voyeuristisch schauen sich die ausländischen Touristen vor allem die erotischen Szenen der Reliefs an, die aber nur einen kleinen Teil des Skulpturenschmucks ausmachen. Der größte Teil sind Götterbilder, Götterpaare in liebender Umarmung und in den unteren Registern Schlachtenszenen, höfische Begebenheiten, Tanzszenen und Konzerte. Alles ist verspielt, erzählerisch beschwingt und gleicht einem sinnenfreudigen Bilderbuch des privaten und öffentlichen Lebens dieser kulturellen Blütezeit. Die vollbusig-verführerischen Nymphen verkörpern nach der theologischen Sicht die erotische Macht Shivas und Krishnas, die lebenserneuernde Energie, die sich durch die Liebesvereinigung manifestiert und in ihr Fruchtbarkeit versinnbildlicht. In einem Haiku, das ich unter dem Eindruck der Liebestempel schrieb, habe ich versucht, die Gedanken an die sinnliche Leidenschaft des indischen Eros von Khajuraho zu verdichten.

Wenn Götter Liebe machen

Die Seele entflammt
Reigen der Begattung Rausch
Der Lüste Nahrung

Wie sehr hat sich in meiner Erinnerung das Erlebnis von Khajuraho unauflöslich verbunden mit einer außergewöhnlichen Begegnung! Nach dem Einlass zum archäologischen Ausgrabungsgelände ging ich auf den Kandariya-Mahadeva-Tempel zu und sah beim Betrachten der Wandskulpturen eine bildhübsche junge Frau in violett leuchtendem Sari, die von einer älteren Dame begleitet wurde, die einen Sonnenschirm hielt. Ich weiß nicht mehr, wie wir ins Gespräch kamen, aber es entwickelte sich auf ganz natürliche Weise über die Betrachtung der kunstvoll herausgearbeiteten und miteinander verknüpften Tänzerfiguren. Es stellte sich heraus, dass die Mutter Germanistik-Professorin an der Universität in Kalkutta und Autorin vieler Bücher in Bengali sei. Ihre Tochter hatte Literatur in Harvard studiert und arbeite nunmehr als Schauspielerin im indischen Film. Inzwischen hat sie, wie ich später erfuhr, in Bollywood Karriere gemacht. Es kursieren im Internet eine Reihe von Filmstills und Starfotos von ihr in den unterschiedlichsten Posen. In Khajuraho lernte ich Nandana Sen allerdings nur in der Pose der interessierten Kunstbetrachterin und charmanten Gesprächspartnerin kennen und erfuhr erst im weiteren Verlauf des Nachmittags von ihren eigenen künstlerischen Ambitionen. Mit ihrer Mutter verstand ich mich so gut, dass wir vom Englischen bald ins Deutsche wechselten und auch anfingen, uns über deutsche Literatur zu unterhalten. Ich erinnere mich, dass wir auf die deutsche Romantik zu sprechen kamen, auf den Dichter Friedrich Rückert, der als erster die indische Liebeslyrik ins Deutsche übersetzt hatte. Die pantheistische Weltanschauung vieler romantischer Dichter setzten wir in Beziehung zu der Weisheit indischer Philosophen. Aber meine Augen waren dabei doch immer wieder auf die bezaubernden Augen der Tochter gerichtet, die wahrscheinlich nur wenig von unserem Gespräch verstand, so dass wir schließlich wieder zurück ins Englische wechselten. Die Überblendung der großen künstlerischen Eindrücke der erotischen Frauenakte an den Tempelfassaden durch eine leibhaftig vor mir sich bewegende Inkarnation einer feinsinnigen Bollywood-Schönheit war eine fast surreale Erfahrung von Anmut, die für immer meine Erinnerung an Khajuraho prägen wird und im Abstand der Jahre ein verklärtes Licht darauf wirft.

IN BENARES AM GANGES

Das weiche Frühlicht des Morgens regiert den Himmel über Benares, dieser urheiligen Pilgerstadt am Ganges. Varanasi, wie sie im Indischen heißt, ist die Stadt Shivas, einer Gottheit, die lebensspendende und lebenszerstörende Aspekte vereint. Nirgendwo in Indien sieht man auch heute noch Leben und Tod so dicht beieinander, so geschwisterlich verbunden, wie in Varanasi. Varuna und Asi, die

Impression vom Prayag-Ghat in Benares. © MML 2008

beiden Flüsse, münden hier in den Ganges. In den *Veden* wird die Stadt Kashi, *Ort des Lichts* genannt. Die beiden indischen Nationalepen, das Ramayana und das *Mahabharata*, preisen die Heiligkeit Kashis und erzählen, wie ein falsches Opferritual des Königs von Kashi zu großer Dürre führte. Brahma holte den Fluss Ganges (der im Indischen aber als Flussgöttin Ganga verehrt wird) vom Himmel herab, wo er bis dahin als Milchstraße den nächtlichen Himmel erleuchtet hatte. Gott Shiva ließ die Wassermassen durch sein Haar strömen, so dass sie kein Unheil anrichteten und so gebremst in die nordindische Ebene flossen.

Täglich strömen unzählige Pilger aus allen Teilen des Landes nach Varanasi, um sich zu den Ghats (den langen Treppenaufgängen) zu begeben. Dort werden die rituellen, aber auch profanen Waschungen vollzogen, alles mit größtem Eifer und im Bewusstsein der Heiligkeit des Ortes. Mir wurde dieses religiöse Spektakel an einem Sonntag geboten, wo die Pilgerschar um viele Tausend zusätzliche Pilger vermehrt war.

Ich ließ mich kurz nach Sonnenaufgang mit einem Ruderboot über den Ganges fahren in diesem magischen Frühlicht, das sich durch den Morgendunst seinen Weg bahnte und seine goldenen Netze über das Wasser warf. Der heiligste Fluss Indiens, dem Himmel entquollen, von der Milchstraße durch Shivas Macht hinab befohlen auf die Erde, er hatte nichts von seiner Göttlichkeit und Reinheit verloren und mich wie einen Pilger aufgenommen. Auf dem Fluss treibend schrieb ich dieses Haiku über das Wesen der Seele:

> Herz deines Herzens
> Seele die von Anfang war
> Licht vom höchsten Licht

Die Fahrt über den Ganges inspirierte mich zu einer Morgenmeditation: Der Heilige Fluss ist ein Übergang, symbolisiert die Reise des Lebens. Wir Menschen sind Kinder des unaufhörlichen Wandels, dem Aufbruchsgeist verpflichtet, der das Leben aller Kreaturen bestimmt, von der Geburt bis zur letzten Schwelle.

Warum machen wir aus dem Tod eine große Sache und versuchen nicht öfter daran zu denken, dass wir sterblich sind? Im universellen Kontext ist unser Ableben nur ein verschwindend geringes Ereignis in der ewigen Metamorphose alles Geschaffenen, also fast unbedeutend. Nur unseren zurückgebliebenen Angehörigen erscheint es als trauriges, endgültiges Geschehen, aber das ist es eigentlich nicht. Irgendwann, wenn die Zeit gekommen ist, muss man loslassen und sich ans andere Ufer bringen lassen. Ich glaube, dass wir begleitet werden in diesem entscheidenden Moment unserer Lebenswende, denn es ist kein Ende, sondern einfach ein neuer Anfang. Mythisch gesprochen ist es *Hermes*, der die Seelen über den Fluss des Vergessens geleitet und uns sicher in die andere Wirklichkeit hinüberbringen wird. Dieses mythische Bild ergänzt sich mit altägyptischen Todesvorstellungen. Auch im ägyptischen Totenbuch findet sich diese Idee der Seelenreise nach dem Tod, die von einer Sonnenbarke begleitet wird.

Der Bootsführer ließ mich am Prayag-Ghat, einem der Haupt-Ghats aussteigen, wo ich mir einen Weg durch die sehr bunt gekleidete Menge der bade- und sterbewilligen Pilger bahnte, um den Vishvanâtha-Tempel und andere Monumente zu besichtigen. Überraschend war aber die Begegnung mit einem auf einer dünnen Matte sitzenden Yogi, der, zwar gealtert schien, aber geistig einen ganz frischen Eindruck auf mich machte. Er sprach mich in Englisch an, und wir unterhielten uns über meine Reise und lange über die letzten Fragen der Existenz, über Tod und Wiedergeburt. Ihm sei leicht zumute, nun, da er alles hinter sich gelassen habe. Jeder Tag sei für ihn ein Geschenk und immer wieder neu, voller Neuentdeckungen. Er lebe hier ganz frei, unbekümmert, ohne Sorgen und nähere sich mit jedem Sonnenuntergang dem Ziel seines Lebens. Ich fragte ihn vorsichtig, wie er sein tägliches Brot, also die Nahrung zum Überleben bekomme. Er beruhigte mich und zeigte auf ein Säckchen, das sich immer wieder fülle. Manchmal sammle er etwas am Tempel, oder Pilger gäben ihm etwas zu essen im Vorbeigehen. Dadurch würden sie ihrem Karma weiterhelfen und ein gutes Gefühl von ihrer Gabe mitnehmen. So einfach war das, und innerlich war ich vorbereitet, ihm auch etwas zukommen zu lassen. Ich wartete aber bis zum nächsten Morgen, an dem ich mich von ihm verabschieden wollte, bevor ich den Zug nach Bombay nahm. Er war erfreut, mich wieder zu sehen und strahlte über beide Ohren. Wir setzten nahtlos unser Gespräch fort, in dem wir auf die Lehren der *Bhagavâd Gîta* zu sprechen kamen. Für gläubige Hindus ist dieses Weisheitsgedicht innerhalb des großen Epos Mahabharata so etwas wie ein Lebensbuch, die Quintessenz der indischen Weisheit, eine Alltags-Bibel, mit der sie schon in der Schule vertraut gemacht werden. In mehreren Gesängen und wiederholten Ansprachen verkündet der Gott Krishna dem in der Schlacht innehaltenden Helden Arjuna das Ethos der Pflichterfüllung im Geist der wissenden Andacht, den Weg zur inneren Freiheit und die Lehre der Unsterblichkeit der Seele. Ich erzählte dem Yogi, dass mir durch die Begegnung mit einem Arzt am Chiemsee schon in früher Jugend die Gîta ein Begriff und später zu einem weltanschaulichen Orientierungsbuch geworden war. Die direkte Anrede der Gottheit an den zwischen Zweifel und Hingabe schwankenden Menschen und die transzendenten, religiös-philosophischen Botschaften sind in dieser dichterischen Konzentration nicht nur überzeugend, sondern schier überwältigend. Bis heute prägt die regelmäßige Lektüre dieses etwas andersgearteten Offenbarungstextes mein Denken und schenkt mir angesichts von Leid und Sterblichkeit immer wieder Trost. So sehr auch ihn die Worte der Gîta geleitet hätten, führte er weiter aus, sei doch das Wesentliche, die Natur der Seele und die Seele des Universums mit Worten eigentlich nur unzureichend auszudrücken. Es helfe sehr, zu schweigen, nach innen zu horchen und in sich die göttliche Stimme zu vernehmen. Es genüge aber nicht, sie nur zu hören, wir müssten auch danach handeln. Dann würden wir uns und die anderen vom Leid befreien.

Seine Worte klangen lange noch nach in meinem Innern, während ich langsam meinen Rucksack nahm und aufbrechen wollte zum Bahnhof. Er hielt aber meine Hand fest, ich gab ihm die Rupien, die ich noch hatte, verabschiedete mich herzlich und ging meinen Weg weiter. Es war die vorletzte Station auf meiner langen Indienreise, die sich in Bombay, von wo aus ich zurück nach Frankfurt flog, dem Ende zuneigte.

Blick des weisen Yogis am Ghat in Benares. © MML 2008

Über andere Stationen meiner Reise habe ich unterwegs in Indien wenig oder gar nichts geschrieben. Dazu gehörte zunächst Udaipur in Rajasthan und dessen landschaftlich ungemein beeindruckende Umgebung, wo ich ebenso viel erlebt und gesehen habe wie an den anderen Orten. Entweder fand ich dort nicht die Muße zu schreiben, oder die Tage waren einfach zu prall gefüllt und erschöpfend, dass mir die Kraft dazu fehlte. Umso mehr fotografierte ich die traumhaft an einem See und von Bergen eingerahmte Stadt, in der viele Kinofilme (u.a.

auch ein James Bond Film) gedreht wurden, in allen möglichen Ansichten und Lichtstimmungen.

Von einem ähnlich romantischen Mythos umgeben ist Agra mit seinem berühmten Taj Mahal, das ich mir natürlich nicht entgehen lassen wollte. Dieses marmorne Mausoleum, das ich im frühen Morgendunst besuchte, hatte mich durch seine vollendete Architektur einfach überwältigt und sprachlos gemacht. Auch hier ließ ich alles auf mich wirken und fotografierte mit großem Eifer, aber es spielte auch eine Rolle, dass ich eine unterhaltsame und sympathische Begleiterin hatte bei der Begehung dieses steingewordenen Traums. Es war nicht mehr so wichtig, das Erlebnis schreibend festzuhalten, da ich ganz im Augenblick aufging. Für das Schreiben brauche ich auch auf Reisen eine gewisse Absonderung oder Zurückgezogenheit, die es mir ermöglicht, über das Gesehene nachzudenken und das zu umreißen, was mich wirklich bewegt und was in die Sprache transportiert werden soll. Die Tatsache, dass schon sehr viel über das Taj Mahal geschrieben wurde, machte es mir auch nicht leichter, über die von den Medien vervielfältigten Superlative und Prädikate hinaus etwas Eigenes, Originelles und Bemerkenswertes zu formulieren. Vielleicht ist schon alles gesagt worden, und doch bin ich auch wortlos unendlich dankbar, dieses einzigartige architektonische Wunderwerk in seiner Aura einmal mit eigenen Augen gesehen zu haben. Magisch könnte man das preisen. Das gilt auch für den Pilgerort Pushkar und seinen „Heiligen See", den ich bei Sonnenaufgang mit einer unbeschreiblichen Lust des Staunens und Eintauchens ins Atmosphärische des Augenblicks in mich aufnehmen durfte. Auch darüber habe ich kaum etwas schreiben können, obwohl es mich im Innersten bewegt hat. Nur die kostbaren Fotos, die ich von den Ghats aus machen durfte, können diesen reinen Eindruck von der Anmut und Transzendenz des Lichts annähernd wiedergeben, die die Seele zu einer inneren Reinigung inspiriert.

Puschkar Ghat am Morgen © MML 2008

TROPICAL TRAVELLER- Kleines Thailändisches Reisetagebuch
März 2001

> Der reine Wind verjagt die weißen Wolken.
> Der helle Mond scheint.
> Das Rauschen des Windes im Tal,
> Nahe der kleinen Einsiedelei,
> Erfüllt meine Ohren.
> Wer kann es hören?
> Gedicht von **MEISTER TÔZAN** [10]

---

10   Zit.n. Shinjinmei Verse über den Glaubensgeist. Heidelberg 2006, S. 278.

AUF TOUR QUER ÜBER DIE INSEL KHO PHANGAN

Unsere erste Station ist das alte buddhistische Kloster von Wat Khao Noy, das schon vor etwa 200 Jahren im Stil der Ayutthaya-Tempel gebaut wurde und einer der letzten historischen Zeugen dieser Epoche auf der Insel ist. Das kleine Kloster liegt auf einem ringsum bewaldeten Berg. Als wir oben am Klosterbezirk ankamen, empfing uns ein in safranfarbe Gewänder gehüllter Mönch, der sich später als der letzte noch lebende Mönch der Klostergemeinde zu erkennen gab. Er führte uns über die Anlage, zeigte uns den Schrein, der schon häufiger fotografiert wurde. Er gab mir drei Räucherstäbchen, die ich mit einem guten Wunsch und Gebet entzünden und aufstecken sollte (was ich gerne machte) und segnete mich anschließend mit einem dreimaligen Wassersegen, wobei er buddhistische Formeln murmelte und Gebete sprach. Der goldene Buddha schaute scheinbar gnädig auf uns herab. Ich bedankte mich für den Segen und folgte meinem Mönch durch die Räume des Klosters bis zu seiner Wohnstube, wo er mir feierlich ein kleines buntes Bändchen an das Handgelenk legte und festband, während er wiederum Segens- und Glückwünsche in den Bart murmelte. Jetzt spätestens wurde mir klar, dass er das sicher nicht umsonst gemacht hat und dass er dieses Ritual schon öfter mit jungen Touristen durchexerziert hat, die vom Buddhismus möglicherweise weniger verstehen als ich. Aber ich folgte ihm weiter durch das Kloster und sah einen Fernseher mit Satellitenschüssel und andere Zeichen eines gewissen Wohlstands, der für einen Bettelmönch (falls er denn einer ist) etwas verwunderlich sein mochte. Er zeigte mir schließlich auch ein Fotoalbum mit Erinnerungsfotos von Menschen, die ihn besucht hatten und sich von ihm ablichten ließen. Wir gingen zum Abschied zu seinem Aussichtspunkt auf Insel und Sonnenuntergang und zu der großen Glocke, mit der zur Meditation gerufen wird. Wahrscheinlich läutete er sie selber, da er ja der einzige Mönch im Kloster war. Der älteste Teil des Klosters ist eine ungefähr fünfzehn Meter hohe Tempelpagode mit Stufen und krönendem Türmchen, die sehr eindrucksvoll und harmonisch gestaltet ist. Sie schaute tatsächlich altertümlich aus und erinnerte an die klassischen Ayutthaya-

Tempel. Ich verweilte noch einige Zeit im Anblick dieses Heiligtums, während mein Begleiter und Chauffeur schon ungeduldig auf die Hupe drückte. Ich verabschiedete mich von dem Mönch, legte ihm etwas Geld in die Hand und stieg in das Taxi, das mich zu einem noch viel größeren buddhistischen Kloster im Herzen der Insel bringen sollte, wo sich seit alters der große Buddha aus Jade befindet.

Es dauerte einige Zeit, bis ich den Treppenaufgang zu dem Buddha-Schrein entdeckte. Eine lange, ziemlich steile Treppe führte hinauf zu einem kleinen Plateau, auf dem der bekannte Schrein steht. Ein paar Stufen stieg ich hinauf bis zu dem Punkt, von wo aus ich den hochaufsitzenden, thronenden, meditierenden Jade-Buddha erblickte, der einen zarten und innigen Gesichtsausdruck hat, die Augen nach innen gekehrt: ein erhabener Anblick und sicher die erste Buddha-Statue aus Jade, die ich zu Gesicht bekommen habe. Ich verneigte mich mehrmals, machte Gashô, eine Geste der Verbeugung, vor dem Buddha, umrundete einmal den mit fensterartigen Öffnungen ausgestatteten Schrein, der von einem dichten Baumbestand umgeben ist und in dessen Nähe sich auch ein Fußabdruck des heiligen Buddha befinden soll, den ich aber nicht finden konnte. Am Fuße der Treppe erstreckte sich der Klosterkomplex auf mehrere Gebäude, darunter Andachts- und Meditationsräume für die Mönche, einen sehenswerten Friedhof mit vielen Pagodengräbern jüngeren und älteren Datums und einem Glasschrein, in dem zwei verdienstvolle Mönche des Klosters verewigt waren, über und über geschmückt mit Blumengirlanden (als Zeichen der Verehrung) und anderen dekorativen Utensilien. Nur lange verweilten wir auch hier nicht, da mein Fahrer drängte und mich weiter zu einem chinesischen Tempel bringen wollte, der nur unweit des Thai-Tempels auf einer kleinen Anhöhe mit Blick auf den Norden der Insel lag. Am Eingang des Tempels befanden sich mehrere sitzende Buddha-Figuren, von denen eine goldbekleidete einen schönen leuchtenden Ausdruck besaß und viele weitere monumentale Buddhas ohne großen künstlerischen Wert. Dafür war die Anlage des Klosters umso imposanter. Man sah zunächst eine Treppe, die hinaufführte zum Altarraum, flankiert von zwei mächtigen Drachenhütern, das Ganze äußerst bunt und prächtig. Zwei Damen, die mich mit Gashô begrüßten, trotz eines etwas argwöhnischen Blicks auf den Fremden, der auch noch die Treppe zum aufrechtstehenden, segnenden Buddha hinaufstieg, welcher sich auf einer Aussichtsterrasse über dem eigentlichen Tempel befand. Von da genoss ich einen herrlichen Ausblick auf die Bucht von Chaloaklam mit deren weißen Stränden in der Ferne, zu denen wir im Anschluss gefahren sind. Denn die direkt daneben liegende Bucht von Maehaad, die als eine der schönsten der Insel gilt, verlockte uns noch mehr zum Verweilen. Maehaad ist eine herrliche Naturbucht mit einer vorgelagerten Halbinsel, die fast vollständig bewaldet ist. Am Strand befinden sich einige überschaubare Bungalowkolonien, die einen recht gepfleg-ten Eindruck machen. Vor Maehaad liegen wunderbare Korallenriffe, zu deren Erkundung Tauchfreunde aus der ganzen Welt anreisen, bevor sie nach Ko Tao weiterfahren, das als Divers Paradise sich Weltruhm erworben hat.

Am anderen Tag ging ein heftiger Regen auf Ko-phangan nieder, während wir in unserem Ok.-Bungalow versuchten, diese Zeit zu überbrücken und ich ein Gedicht über diese langanhaltende Wolkenausschüttung schrieb:

Tropen-Regen

Regen, ach tropischer Regen,
vom Himmel tropft dein Segen
gewaltig auf die Erde nieder!
Es schüttet auf die schlichten Dächer
Auf Blüten, Büsche, Palmenfächer.
Er prasselt auf das Stroh der Bambushütten,
das Wasser rinnt durch alle Ritzen, alle Löcher
und bricht sich Bahn in tausend Strömen.
Bald ist der Boden überschwemmt.
Die Erde reinigt sich von Unrat und von Schmutz,
verjüngt ihr grünes Angesicht.
Der Regen singt sein monotones Lied:

Regen, tropischer Regen wir lauschen dem Regen.
Es entlädt sich allmächtiger Segen,
befruchtet die Erde, die Pflanzen und Blumen,
die Saat, die Früchte, den Hibiskus.
Regen, tropischer Regen
wir rühmen die Fluten bis spät in die Nacht
und doch, wann endet endlich, gewaltig fließend, deine Macht?

UNTERWEGS IN BANGKOK

Nun waren wir in Bangkok, dem Venedig des Fernen Ostens, wie die Stadt im 19. Jahrhundert von europäischen Reiseschriftstellern gepriesen wurde. Tatsächlich erschließt sich einem erst die besondere Schönheit der Stadt, wenn man Bangkok vom Wasser aus entdeckt, mit dem Boot den Fluss hinunterfährt. Man sieht die alten Holzhäuser mit ihren Schiffsanlegestellen, die einen etwas morbiden Charme verbreiten, dazwischen wilde Gärtchen und ringsumher eine Art Hausbootidylle. Pflanzen schwimmen im Wasser neben viel Kehricht. Die Dämmerung hatte sich über Bangkok ausgebreitet. Der vergoldete Stupa des Smaragdtempels leuchtete vom anderen Ufer. Neben dem angestrahlten Tempel des silbergrauen Wat Arun, den wir morgen besichtigen wollten, sah man die unzähligen Lichter der Ufer-Restaurants. Der Abend war hereingebrochen. Der Bootsverkehr lief nach wie vor sehr dicht. Autos sah man hier überhaupt nicht, dafür umso mehr davon in den extrem befahrenen Hauptstraßen des Stadtzentrums.

Geschafft! Wir sitzen im Flugzeug von Bangkok nach Phuket und lauschen verträumt den Sicherheitshinweisen in Thai, die einen gewissen Charme verströmen, da man nur auf die Musikalität der Sprache hört und garantiert nichts versteht. Beim flüchtigen Blick auf die Mattscheibe vor uns, wo irgendwelche Grizzly-Bären ihr Spiel treiben, atme ich auf. Nach einer abenteuerlichen, absolut filmreifen Fahrt im Minibus vom Stadtzentrum zum Flughafen in sagenhaften fünfzig

Minuten bei dichtestem Verkehr und Rush Hour, dank eines Taxi-„Kampf"-Fahrers, der sich seinen Spitznamen *Tiger Dragon* oder *Tiger Joe* wirklich verdient hat, sitzen wir im Flugzeug und nehmen innerlich Abschied von dieser aufregenden und elektrisierenden Riesenstadt, die alle möglichen Gegensätze, Schönheiten wie Schattenseiten der modernen Zivilisation in sich vereint. Sawat-di Bangkok! Das goldene Riesenbildnis des schlafenden oder liegenden Buddha vom Wat Po-Tempel, unserer letzten Station bei der Besichtigung der Stadt, habe ich noch vor Augen, während wir nun abheben in aufgebauschte Wolken, vollgesogen vom Sonnenlicht, und gleichmütig hinunterschauen auf die Umgebung der Metropole, wie in Trance durch den diesigen Himmel schweben. In einer Stunde werden wir auf der Insel Phuket landen, um von dort wieder die Heimreise anzutreten.

PHUKET- NAI JONG- SONNENUNTERGANG AM STRAND

Mit den letzten Strahlen versinkt das Gestirn hinter den dunkelgrauen Wolken. Der letzte Abend der Reise ist angebrochen, einer Reise durch Thailand, die genau hier vor etwa zwei Wochen begann, als ich und mein Begleiter Florian Wolfrum um fünf Uhr morgens in Phuket landeten. Wir ließen uns von dort gleich an den Strand fahren, der noch im Dunkel der Nacht lag und noch völlig in Schweigen gehüllt war, beschienen von einem halben, kaum glänzenden Mond. Nun herrscht eine Stimmung wie beim ersten Morgenanbruch: weiße Wolken überfliegen die Bucht, ein paar Regentropfen fallen und die ersten Sterne erstrahlen am nachtblauen Firmament. Ich sitze unter dem Dach des Strandrefugiums, das hauptsächlich von Einheimischen genutzt wird. Einige von ihnen sitzen zusammen, plaudern, rauchen und schauen auf das Meer hinaus. Sonst hört man nur das Rauschen des Meeres, ein paar Takte ferner Musik von dem belebteren Teil des Strandes, wo sich eine große Hotelanlage befindet, und Grillenzirpen. Eine sanfte Brise weht und Wolken türmen sich zu fantastischen Formen auf. Eine Wolke gleicht einem Pegasus, der sich gerade in die Lüfte hebt. Unweit davon blinzelt die schmale Sichel des Mondes. Über mir schwebt der Nachthimmel, der mit Sternbildern geschmückt ist, die wir in unseren Breitengraden nie zu sehen bekommen. Bald ist es so dunkel, dass ich nicht mehr sehen kann, was ich schreibe. Ich denke an die letzten Verse von Apollinaires berühmtem Gedicht *„Le Pont Mirabeau"*:

Vienne la nuit sonne l'heure	Die Nacht kann nahen,
	die Stunde schlagen
Les jours s'en vont je demeure,	Die Tage eilen fort, nur ich bleibe.

als ich mich innerlich von dieser tropischen Insel und ihrer betäubenden Schönheit mit leiser Wehmut verabschiede: Sawat-di Nai Jong! Adieu Phuket! [11]

Die Eindrücke aus Asien haben noch lange nachgewirkt und durch die vielen Begegnungen, Erlebnisse und Meditationen in Tempeln, Stupas und anderen heiligen Stätten meine Beziehung zum Buddhismus und Hinduismus verändert, bereichert, anschaulicher und praxisbezogener gemacht. Das buddhistische Gelübde, das ich als ordinierter Bodhisatwa Ende der neunziger Jahre im französisch-kosmopolitischen Zen-Kloster „La Gendronnière" bei Tours abgelegt hatte, hat durch die Aufenthalte eine authentischere, lebendigere Farbe bekommen und mich bestärkt, den Weg zur Buddhaschaft weiter zu gehen. Die Reisen nach Südostasien in den Jahren nach der Jahrtausendwende halfen mir aber auch, den langen Berliner Winter etwas zu verkürzen und die Zeit bis zum Wiederbeginn der touristischen Saison und der von mir damals saisonal ausgeübten Reiseleitertätigkeit zu überbrücken. Auch war früher ein Teil meiner Familie häufiger in Asien beruflich tätig, so dass ich in einem von asiatischer Kunst geprägten Haus aufgewachsen bin, wo Buddha-Skulpturen auf der Fensterbank standen, chinesische Rollbilder und japanische Farbholzschnitte an den Wänden hingen und eine

---

11   Vgl. meine Übersetzung des vollständigen Gedichts von Apollinaire auf der Website unseres Casanomade-Verlags: www.casanomade-verlag.de (unter d. Sparte Lyrik überhaupt)

Japanischer Buddha (Ende 19. Jh.) aus d. Ostasiatika-Sammlg. meines Vaters Walther Müller (†)
m. Orpheus-Zeichnung. © MML 2020

Bibliothek asiatischer Literatur und Kunstgeschichte im Regal griffbereit war. Als Jugendlicher schon neugierig geworden, hatte ich angefangen, in den Büchern meines Vaters erst zu blättern, dann zu lesen und langsam in die mir exotisch erscheinenden, fremden Kulturen einzudringen. Ich war also in mancherlei Hinsicht gut vorbereitet auf die asiatische Kultur- und Geisteswelt, die mir dann in Japan, Indien und Thailand leibhaftig begegnet ist. Allein durch die Lektüre der Bücher wird man diese Kulturen aber niemals ganz verstehen. Man muss diesen Kontinent auch intensiv bereisen, das heißt die Orte entdecken, die Menschen treffen und deren Alltag kennenlernen. Erst dann nähert man sich wirklich dem geistigen Kern dieser so anders gearteten Kulturen. Nur durch ausdauerndes Reisen, offenes Aufnehmen ohne Schablonen- und Schubladendenken, wie wir es aus Deutschland manchmal gewohnt sind, und interessiertem Verarbeiten der Eindrücke und dauerhafter Gesprächsbereitschaft lässt man sich nach und nach ein in die andere Kultur. Auch die Landessprache wird einem immer vertrauter, und man traut sich, selbst in der anderen Sprache zu kommunizieren. Wie ermutigend sind oft die Reaktionen der Einheimischen auf diesen unschätzbar wichtigen Schritt der Kontaktaufnahme von Reisenden, die nicht mehr alles in gleichmachendem Englisch bereden, sondern in der Landessprache sich selbst herausfordern wollen! Mut zum Lernen ist also gefragt, wenn wir uns selbst und andere geistig und kulturell bereichern wollen. So lassen sich auch viele der Bedürfnisse auf Reisen auf neugierige Weise befriedigen, selbst wenn es mit gewissen Anstrengungen verbunden ist. Dazu gehört etwa das Bedürfnis nach großer Kunst und bedeutender Architektur, das für viele, vor allem Studienreisende immer schon eine wichtige Motivation für ihre Reisen gewesen ist. Ich will es die edle Begierde nach neuen Kunstgenüssen und kulturellen Erfahrungen der lebendig-konkreten, unmittelbaren Art nennen oder einfach:

Kunstgelüste und Stadterkundungen auf Reisen

IN MADRID IM PRADO   Oktober 2002

Der zweite Besuch im Prado beginnt mit dem grandiosen Auftakt der flämischen Malerei des fünfzehnten und sechzehnten Jahrhunderts, die in diesem Kunsttempel stark vertreten ist. Das außergewöhnlichste und rätselhafteste Gemälde in dieser Abteilung ist für mich das Triptychon *Der Garten der Lüste* von Hieronymus Bosch, ein Panoptikum mittelalterlicher Vorstellungen und Bilder mit der bizarrsten und eigenwilligsten Handschrift von allen Malern der beginnenden Neuzeit: ein ungeheures und ungeheuerliches Bild, vor dem man Stunden in Betrachtung verbringen kann, ohne es ganz zu erschöpfen oder gar zu durchdringen. Es ist eine Symphonie des Grauens und der Lüste, ein Hortus Magicus

wunderlichster Phantasmagorien, ein Bestiarium menschlicher Laster und erscheint in seinem moralischen Gehalt geradezu modern. Es beginnt ganz harm-
los, am linken Rand, mit einer Darstellung der Schöpfungsgeschichte, mit Adam
und Eva, die vor Gott niederkniet im Garten Eden, in den sich aber auch einige
Fabeltiere verirrt haben, wie etwa das Einhorn oder der dinosaurierartige Flug-
drache. Über dem Garten Eden erscheint die Vision des Lebensbrunnens, alles
noch von eitler Harmonie erfüllt. Erst im mittleren Bild tobt sich die Phantasie
des Malers so richtig aus. Hier sehen wir, was man selbst im Mittelalter nicht zu
träumen wagte: unverblümte Erotik und jede Menge krasser Sexsymbole und
Anspielungen, Allegorien des Lasters und der fleischlichen Lüste, wunderbar gro-
tesk inszeniert und teilweise sehr unterhaltsam anzuschauen und zu enträtseln.
Walter Schürmeyer, einer der frühen Bosch-Exegeten, meinte in der drastischen
Darstellung der Sinnenlust die Anregung durch eine zeitgenössische Sammlung
von Sprichwörtern festmachen zu können, ähnlich wie in den Bildern (etwa die
„Sprichwörter") von Pieter Breughel. Die Vorbilder für die exotische Tierwelt im
„Garten der Lüste" seien dagegen Zeichnungen, die die nach 1442 verfassten Rei-
sebriefe des Humanisten Cyriakus von Ancona illustriert haben, wie Phyllis W.
Lehmann herausgefunden hat. Bosch hat aber selber auch viele Bilderfindun-
gen und fantastische Ideen in seine eigenwillige Bildgestaltung einbezogen, was
das Verständnis und die Deutung der Bildinhalte nicht einfacher macht. Seine
Gemälde haben aber dennoch nicht ihre Faszination verloren, gerade weil sie
so vieldeutig und komplex sind und dadurch immer wieder neue Interpretationen herausfordern.

IN MEXIKO-STADT: *ZURBARÁN IM MUSEO DI SAN CARLO*
Februar 2008

Neben dem alles überstrahlenden Nationalmuseum für Anthropologie, dessen
bedeutende Kunstschätze aus der Maya- und Aztekenzeit mein Freund Udo Ka-

Francisco de Zurbarans „Die büßende Magdalena". Courtesy Museum San Carlo Mexico-Stadt. © MML 2008

wasser und ich bei mehreren Besuchen zu heben trachteten (da man mit einem einzigen Durchgang überfordert gewesen wäre), dem Palacio de Bellas Artes, wo die großen Murales (Wandbilder) von Ribera, Orozco und Tamayo zu bestaunen sind und dem intimeren, ehemaligen Wohn- und Sterbehaus der großen Malervisionärin Frida Kahlo , der unvergleichlichen „Casa Azul", beeindruckte uns das Museo di San Carlo, in dem einige Meisterwerke der italienischen und spanischen Malerei ausgestellt sind. Aber nicht die gotische Madonna von Paolo Veneziano, schon etwas mehr die Virgen de la Leche von Pontormo, sondern die Werke des Barockmalers Francisco de Zurbaràn beeindruckten mich am meisten. Von ihm hängt ein Gemälde dort, das eine mystische Meditation über den Tod und die Vergänglichkeit darstellt: „*Die büßende Magdalena*". Magdalena sitzt an einem Tisch, den Kopf in die Hand gestützt, mit nachdenklicher Miene. Die linke Hand berührt eine Sanduhr, deren rote Farbe mit dem sinnlichen Rot ihrer Lippen und dem Rot der brokatenen Tischdecke und des Stuhlpolsters Zwiesprache hält. Ihr melancholischer Blick ist wie versenkt in den Schädel, der vor ihr liegt und sie anstarrt, während die Kerze längst erloschen ist. Eine wunderbare, doch schwermütige Harmonie durchklingt dieses geheimnisvolle Bild, das eine Allegorie der Melancholie des Glaubens, eine Betrachtung der Vergänglichkeit des Lebens, der Gewissheit des Todes ist. Dem Verrinnen der Zeit wird die Verewigung eines geistig-seelischen Vorgangs durch die Kunst entgegengesetzt. Viele Jahrhunderte hat dieses Meisterwerk von Zurbaràn überdauert und bis heute nichts von seiner mystischen Leuchtkraft eingebüßt.

BEI MARINO MARINI IN FLORENZ

Schon lange hatte ich auf eine Gelegenheit gewartet, einmal in das Marino-Marini-Museum an der Piazza Pancrazio in Florenz zu gehen. Dieser nach dem Marini-Museum in Pistoia wichtigste Ort zum Studium der Werke des italienischen Künstlers ist ein wahrer Glücksfall von einem Museum der Moderne. Es wurde in einer ehemaligen Kirche, in der Chiesa di San Pancrazio eingerichtet. Die Skulpturen, Bilder und Zeichnungen Marinis sind so geschickt in dem verschachtelten Raum platziert, dass ihre Kraft und Leidenschaft, der unbändige Bewegungsdrang der Reiterfiguren, aber auch die Leuchtkraft der expressionistischen Gemälde voll zur Geltung kommt. Eine der voluminösesten Bronzeskulpturen hat Marini unter der Kuppel aufstellen lassen, wo das Tageslicht von oben und von den Seitenwänden einfällt und die Pferdefigur noch monumentaler aussehen lässt, noch wilder, ungezähmter und schroffer. Aber auch die weichen Frauenakte der Pomona-Skulpturen aus den zwanziger Jahren wirken vor dem leeren Sichtbeton in ihrer melancholischen Anmut etwas verloren und vereinsamt. Für die Bewunderer von Marinis Kunst ist die meditative Aura um diese Bildwerke, die hier wirklich atmen und sich entfalten können, sehr stimulierend. Sie lädt ein, immer wieder zu den Kunstwerken zurückzukehren, sie zu umschreiten, immer neue Perspektiven zu entdecken, die Bewegung im Raum zu erfahren und die Emotionen zu ergründen, die den Werken zugrunde liegen. So kann Kunstbetrachtung auch ein schöpferischer Akt der Begegnung und Aneignung werden und unter Umständen neue künstlerische Ideen und Impulse vermitteln.

REISE ZU JOAN MIRÓ NACH MALLORCA IN DIE FUNDACIO PILAR I JOAN MIRÓ

Kleine lyrische Hommage an die „*Toile brûlée*" Mirós, Palma, 15. Mai 2009

> Stern du springst mich an
> du leuchtest mir von einem Punkt
> den Griffel gewendet im roten Kreis
> mit den schwarzen Flecken getupft auf Orangenhaut
> Atme gelbes Licht das die Leinwand durchleuchtet
> Vollende das mystische Auge im grünen Nebelloch

Katapult der Finsternis
Hat sich entladen ins blinde Weiß
Wie ein Sternenstaub
Der blaue Schnabel des Unbewußten
Gähnt im Unendlichen
Der Stern fällt von der Leiter
Die Welt steht auf dem Kopf
Wälder wachsen in den Kreis hinein
Den deine Augen zeichnen

INITIATION IM TORKELN DURCH TOSSA DE MAR (COSTA BRAVA)   4. Juli 2015

„Der Weg existiert nicht, er entsteht erst, wenn man ihn beschreitet."
(Antonio Machado)

Ein geheimnisvoller Mond stieg auf über dem nächtlichen Meer vor der Bucht von Tossa de Mar. Er wurde immer leuchtender, zog eine weite Lichtspur in den dunklen Horizont und lockte mich vor die Tür. Ich sah die mit Türmen aufragende Festung, die sich über dem Ort erhebt bis hinauf zum flackernden Leuchtturm. An der Platja d'ès Codolar vertrieben sich immer nachts junge Badende und Tanzende die Zeit bei spontanen Strandpartys, machten der Dunkelheit und dem Schlaf den Garaus. Von berauschten Träumen am frühen Abend angeregt, war ich bei der leicht zu „enternden" *Piratenbar* im Dickicht der Nacht auf einem großen Baumstamm niedergesunken, um mich etwas von den Wanderungen durch die engen Gassen der Zitadellen-Stadt auszuruhen. Bis tief in die Nacht lief ich weiter und torkelte später durch die Gassen nach Hause. Vorher aber betrat ich eine andere Bar, wo ich mich mit einem der Barkeeper unterhielt, einem jungen Süditaliener, der ausgerechnet aus der Stadt stammte, in der ich noch im Vormonat auf Einladung der Region Basilicata ein umfangreiches Besichtigungsprogramm absolviert hatte, aus Matera, der Stadt der faszinierenden „Sassi". Was für eine unverhoffte Koinzidenz mitten in dieser mondbeschienenen Küstenstadt in Katalonien, wo wir nun zwei Wochen lang die Sommerferien verbringen sollten!

An einem anderen Abend spazierte ich wieder in die Altstadtgassen hinunter und ließ mich um Mitternacht, am Aussichtspunkt, oberhalb von der Felsenbucht, zu dieser kleinen poetischen Nacht-Phantasie inspirieren:

> Wie nach Mitternacht die rötliche Sichel des Mondes
> dämmert Ein beleuchtetes Schiff allmählich am
> Horizont entschwindet Mit düsteren Türmen die
> Festung höher in den Himmel wächst
> Nur das Meer rauscht noch immer von fern
> Wenn katalanische Nacht dem müden Tage lauscht und
> Schatten flüsternd milchig-weiße Wände streifen
> der Mond übernächtigt sich badet im spiegelnden
> Glanz die Liebenden erschöpft sich umarmen der
> flüchtige Wanderer endlich zurückkehrt ins Nachtasyl
> wo balsamischer Schlaf ihn erlöst im Traum ihm der
> römische Faun erscheint der heiter hinaustanzt durch
> schlüpfrige Nacht selig-trunken in Tossa de Mar

FUSCHL IM SALZKAMMERGUT   Sommer 2013

Am Ufer des Fuschlsees, nicht weit vom Schlosshotel Fuschl, sitze ich am Kiesstrand, beobachte das Changieren der Farben des Wassers: in der Mitte des Sees in tieferem Wasser leuchtet es türkis, wechselt dann ins Himmelblau, dann zum Ufer hin ins Smaragdgrün, schließlich ins Braungrau des Ufersaums, den seit kurzem an manchen Stellen ein gelblicher Schaumrand umgibt. Mein Blick geht hinüber zu den bewaldeten Hängen bis zu den wenigen Häusern am gegenüberliegenden

Ufer, wo von Zeit zu Zeit ein emsig manövrierendes Motorboot aufkreuzt. Wenn man hinausschwimmt und dann die drei Berggipfel in der Ferne aufsteigen sieht, dann ist das ein erhebender Anblick, besonders die steilaufragende spitze Kuppe, die sich heute etwas im Dunst verliert, hat ein wildgebirgiges Aussehen und reizt die romantische Phantasie des Wanderers. Es ist immer ein „Schau-Schwimmen" im Anblick dieser Berggipfel und der waldreichen Ufer, deren Grün mit dem Blau des Himmels und dem Weiß der vorbeiziehenden Wolken zu einem idyllischen Gemälde verschmilzt. Es ist, als würde man die naturnahe Musik Gustav Mahlers vernehmen, eines Tondichters, der nicht weit von hier am Attersee ein Komponistenhäuschen besaß, wo er seine Zweite Symphonie und Teile der Dritten komponiert hat. Diesen Pavillon am Seeufer suchte ich vor Jahren einmal auf, ließ mir im Gasthof den Schlüssel geben. Als ich die Tür öffnete, erklangen Auszüge aus den pantheistisch erfüllten Totalkompositionen. Die Musik an dem Ort zu hören, wo sie komponiert wurde, mit dem gleichen Ausblick in die herrliche Landschaft, hatte etwas tief Berührendes.

In dieser Naturszenerie fühlte ich mich immer glücklich. Seit Jahren fahren wir hinaus zum Fuschlsee, begeistern uns an dem großartigen Anblick des Gebirgssees, zelebrieren mit Lust das alljährliche Ritual des Badens in den kühlen, klaren Fluten, die Geist und Sinne beruhigen und in eine sanft plätschernde Andacht wiegen.

Die Fahrt an den Fuschlsee hatte immer Tradition in unserer Familie, genauso wie die häufigen Salzburgaufenthalte, insbesondere während der Sommerfestspiele. Schon meine Großmutter und meine Mutter fuhren gerne mit mir und meiner Schwester hierher, um im Jagdrestaurant Fuschl, oberhalb des Schlosshotels, Köstlichkeiten wie Salzburger Knoblauchsuppe, Tafelspitz und manchmal zum Dessert als Krönung eine Riesenportion Salzburger Nockerl zu schlemmen. Das wurde Mitte der achtziger Jahre zu einem sommerlichen Ritus: das erfrischende Bad im See, meistens vom Privatstrand des Hotels aus, und anschließend der „Festschmaus" im Panoramalokal oben am Hang, oft auch auf der Terrasse sitzend, zünftig tafelnd, die österreichische Gastlichkeit und Gemütlichkeit genießend.

Einmal war ich mit meinem österreichischen Dichterfreund Udo Kawasser zum Baden im See, als wir unverhofft zwei russisch-ossetischen Festspielstars (Valery Gergiev und Juri Baschmet) und deren Frauen auf dem Steg des Nobelhotels in Badekleidung begegneten, von denen wir aber nicht ahnten, dass sie so berühmt waren. Das war eine komische Überraschung, die uns eine muntere Plauderei eintrug. Die familiäre Erinnerung an Fuschl, dem wir mit unseren Kindern ab und zu einen Besuch abstatteten, ist eine Konstante geblieben. Immer wenn wir zu den Salzburger Festspielen anreisen oder durch das Salzkammergut fahren, machen wir Station am Fuschlsee, gehen ausgiebig baden und essen den geräucherten Fisch beim Imbiss am Seeufer. Auf der Weiterfahrt erzähle ich meinen Kindern von den vergangenen Zeiten, vor mehr als dreißig Jahren, als die längst verstorbene, innig geliebte Mutter durch die Gartenanlage am Schloss spazierte, mit unserer Großmutter scherzte und Café trank, wobei die mit ihren Nobelkarossen abfahrenden Festspielgäste in ihren Roben kritisch beäugt oder belächelt und nachher die neuesten Nachrichten vom Salzburger Festspielzirkus ausgetauscht wurden. Inzwischen erkundete ich den Panorama-Golfplatz, las schwermütige Gedichte vom Salzburger Dichter Georg Trakl und genoss dabei versonnen die Aussicht auf die fernen Berge.

KLEINE ELOGE AUF DAS ALTE BASEL BEI NACHT
8.-9. September 2010

So viele Jahre schon kehre ich immer wieder in das altehrwürdige Basel, in diese wunderbare Stadt am Rhein zurück, in deren Altstadtgassen oft die Zeit still zu stehen scheint. Welche fast sakrale Ruhe und weltferne Poesie strahlen die menschenleeren Innenhöfe und uralten Mauern aus, die Kirchplätze, die verwinkelten Gassen, der Martinskirchhof oder, noch beschaulicher, die St. Alban-Vorstadt mit ihren Goldschmiedeläden und Galerien, verwunschenen Palais, in deren Architektur italienische Serenità und französische Élégance eine harmonische Synthese eingegangen sind. In diesem von alten Bürgerhäusern geprägten und vornehmen Brunnen durchklungenen Altstadtviertel am verschlafenen Ufer des Rheins sagen sich Fuchs und Hase gute Nacht, und doch habe ich mich mit Vorliebe wieder hierher verirrt, diesmal auf der Suche nach einem mehrfach gepriesenen Gourmetlokal namens St. Alban-Eck, das ich auch ohne Umwege sogleich gefunden habe. Wenngleich der Empfang etwas kühl anmutete, war doch das Essen ein echtes Labsal, ein Verwöhnprogramm auch für Genießer. Beschwingt durch den roten Navarra-Wein ließ ich mich noch zu einer „Toulipe de Sorbets" verführen. Nun konnte der Abend beginnen in der langsam erwachenden Vorfreude auf den kommenden Tag, der mich nach Bern zum Zentrum Paul Klee bringen sollte.

KLEINE MORGENREFLEXION AUF DER FAHRT NACH BERN
9. September 2010

Wir haben vergessen, wie lebenswichtig die Elemente sind und welchen Gesetzen sie gehorchen. Die Elemente sind eine große Offenbarung des göttlichen Wesens und Lebens, das sich in ihnen ununterbrochen manifestiert: Die Sonne ist eine gewaltige Offenbarung des schöpferischen Prinzips. Nichts ist ohne ihr erhabenes, lebenserhaltenes Licht denkbar. Sie scheint mit Macht über alles Lebendige und nicht nur das äußere Auge erkennt ihren kosmischen Ursprung. Vor unserem inneren Auge wird uns ihre allumfassende und allliebende Kraft immer mehr bewusst. Sie liebkost unser widerleuchtendes Antlitz, folgt uns auf unseren Fahrten und gibt uns die Freude am Leben, die sie immer wieder erneuert und beflügelt. Alles Leben ist auf die Sonne und ihr Licht zurückzuführen, nicht nur die Natur, auch die Kunst kommt nicht ohne ihr Licht aus: die Farbe, als Medium der Malerei, ist zerlegtes Licht. Robert Delaunay hat in seinen Farbkompositionen, den „Simultanés", die Spektralfarben der Sonne im Geist des Orphismus poetisch wieder zusammengesetzt und mit den Themen der modernen Großstadtzivilisation kontrastiert. Hier siegt die leuchtende, neu erfundene Farbe als solares Phänomen und setzt das Auge in Bewegung, wie es auch gleichzeitig die Futuristen getan haben.

Auch der Berner Künstler Paul Klee gewinnt seine Magie und Aussagekraft in diesem alle Künste ergreifenden Avantgarde-Kontext der zunehmenden Autonomie der Mittel und Ausdruckssteigerung der Farbe, die letztlich in der Nachkriegszeit in die vollständige Abstraktion und Emanzipation der Farbe mündete. Bei Klee ist es eine sukzessive Verfeinerung der Farbmelodik oder Farbmusik in einer ganz neuen poetischen Sprache, die nur die verstehen, die bereit sind, sich auf ein anderes künstlerisches Wahrnehmen in einem neuen Universum einzulassen. „Das Abenteuer der Linie" nannte es der Kunsthändler und Kritiker Paul Westheim 1931, als er versuchte, das Spielerische, Phantasiegeborene in den Figuren und Traumlandschaften von Klees Bildern zu umschreiben. Mehr noch hat mich heute beim Betrachten seiner zeichenhaft verschlüsselten Werke die unbedingte Wahrhaftigkeit fasziniert, mit der der Künstler die oft märchenhaften Schöpfungen seiner absoluten Farbkompositionen hervorbringt. Diese Wahrhaftigkeit, die auch aus den dunkelleuchtenden Augen der späten Porträtfotos Klees spricht, macht für mich den großen Künstler und Gestalter aus. Darin trifft sich Klee mit der Vision eines anderen bedeutenden Künstlers und herausragenden Architekten der Moderne, mit Le Corbusier.

VISION DER KAPELLE NOTRE DAME DU HAUT VON RONCHAMP (LE CORBUSIER)

Wie ein Leuchtturm strahlt sie überm südlichen Vogesenland, die Kapelle der Madonna Aus des Tales Tiefe, sieht des Campaniles untersetzter Koloss einem Walfisch ähnlich, welcher wild das Maul aufreißt inmitten von verzweifelten „Apostel"-Bäumen.

Wie ein Schiffsbug ragt ihr Dach aus Pinienholz übern spröden Stein. Wenn weiß die Mauern leuchten, scheint das Kirchenschiff zu schweben auf den schweren Pfeilern und den reingewaschenen Wänden. Wenig Licht dringt bis ins Innere hinein, nur wie durch Honigwaben sich verteilend.

Geweihter Höhlentempel der Madonna von der Höhe! Wie thronst du über dichter Wälder Kranz! Vom Hügel reicht der Blick in alle Himmelssphären weit hinaus: vier Horizonte breit, sagte einst ihr sinnenfroher Meister aus der Schweiz. Aus heiligen Mauern dringt seit alters Chorgesang, in ihnen sind Gebete aufgehoben, wahr geworden.

Der Rohbeton-Altar steht schlicht im Freien vor ihrer Stirn, so prähistorisch wie archaisch an dieser Stelle, wo die Kelten ihre Kulte zelebrierten. Kein Schmuck verliert sich an Fassadenwänden oder Mauern, nur einfache Marienfenster, sparsame Zeichen des Erhabenen, reduzierte Chiffren der Transzendenz atmet der Bau und strahlt das Licht in die Welt hinaus. Schon Mittag läutet vom Turm die Glocke, dass weit hinaus es hallt ins sonnenvolle Land der allerhöchsten Sâone. Die Wolken schweben weiter übern Bug, der Schatten wirft auf abgestufte Massen, in denen schmale Fensterluken klaffen. Ein Gotteshaus, das sehnsüchtig dem Himmel entgegen schwebt, zur Sonne flügelt wie ein Riesenfalter und die Pilger mitnimmt auf den steilen Höhenflug, der nie ein Ende haben sollte!

SCHNEESPEKTAKEL IN DEN BERGEN VON VALGRISENCHE (AOSTA-TAL) Januar 2014

Nacht ist es und in Valgrisenche schweigt alles so still, dass man den Wasserfall und den Gebirgsbach rauschen hört mitten in dieser einsamen Mondnacht.

Heute Nachmittag führte uns die Straße in unzähligen Serpentinen und einzelnen Haarnadelkurven hinauf bis auf fast 1600 Meter. Je höher wir kamen desto mehr Schnee lag neben und vor allem auf der Fahrbahn. Das Valgrisenche ist eines dieser wildromantischen Seitentäler unweit von Aosta und der französischen Grenze bei Courmayeur, in das sich Reisende, vor allem deutsche Urlauber nur äußerst selten verirren. Schon der Anfahrtsweg ist ziemlich abenteuerlich, besonders im Winter, wenn viel Schnee gefallen ist. Glücklicherweise sind wir ohne Zwischenfälle gut oben angekommen. Am Ende des Weges wurde es aber so glatt, dass wir doch umkehren mussten: ohne Schneeketten ging dort nichts mehr. Im Rückwärtsgang fahren, wie die Einheimischen kleine Steigungen hinauffahren, die vereist sind, kam für uns nicht in Frage. Dafür fehlte uns vorerst noch die Übung. Wir hatten aber großes Glück, dass ein Einheimischer neben uns hielt und ohne zu zögern ein paar Schneeketten aus dem Kofferraum holte. Diesem Helfer in der Not hatten wir unsere Weiterfahrt zu verdanken.

Wir fühlen uns in diesem vom Schnee zugedeckten Bergdorf fast wie Schneeprinzen und Eisprinzessinnen, da wir eine seltene Einsamkeit und Reinheit der Bergwelt genießen, fernab des touristischen Trubels in den Skigebieten, die etwa 30 Kilometer von hier entfernt weitaus mehr Urlauber und Skifahrer anziehen. Gegenüber von dem Chalet, das wir für zwei Wochen bewohnen, steigt ein gewaltiger Zweitausender auf. Fast haben wir den Eindruck, dass wir ihn für uns allein haben. So herrlich erheben sich die Berge in den Himmel auf beiden Seiten. Näher sind wir den Sternen hier und dem unglaublich hellen Mondlicht, das fast blendet und auf meinen nächtlichen Spaziergängen den Weg ausleuchtet. Den großen Wagen habe ich schon entdeckt, er ist deutlich auszumachen. Auch andere, weniger geläufige Sternbilder sind zu erkennen. Eine Karte für den Sternenhimmel im Winter müsste man dabeihaben, das wäre nützlich, um sich zu orientieren! Ich freue mich schon jetzt auf den Tagesanbruch, auf den Anblick der frisch verschneiten Berge am Morgen.

„Notre-Dame des Neiges! Protégéz-nous!" ist auf einem verschneiten Felsen zu lesen, der an der Straße von Bäumen umringt ins Auge sticht. Bei dem ununterbrochenen Schneefall glaubt man sofort an die tiefe und gläubige Notwendigkeit dieses Gebetes, dessen rettende Kraft mir in dieser einsamen Nacht aufgegangen ist. Bei dem Aufstieg zu dem noch im Bau befindlichen Village de Vie kam ich an einem Bach vorbei, wo das Gebirgswasser ständig die Klippen hinunterstürzte. Wie wunderbar war es, diesem Rauschen zuzuhören mitten in dieser weltfernen Nacht, wo ich der einzige Wanderer war, der durch den Schnee lief. Ein verlassenes Gehöft, das immer mehr einschneite, schien fast abgeschnitten zu sein von der Außenwelt, von einer hohen Schneemauer umgeben, die ich durchstieß. Die Gebäude waren mit Brettern zugenagelt, sämtliche Fensterläden geschlossen: ein gespenstischer Anblick, es kam mir vor wie ein Geisterdorf, so ausgestorben wirkte alles. Nach Lebenszeichen suchte man dort vergebens, nur der klobige Hahn tropfte weiter sein Gebirgswasser in den Brunnen. Kein Licht war weit und breit zu sehen. Scheinbar war das Gehöft nur im Frühling und Sommer bewohnt. An vielen Hauswänden war das Schild „Vendesi" (zu verkaufen) angebracht worden. So abgelegen und vor allem im Winter schwer erreichbar, lockt das Valgrisenche sicher mehr Urlauber, vor allem Bergsteiger im Sommer an, die die Gipfel der Zweitausender erklimmen wollen.

Noch leuchtet die Abendsonne auf den höchsten Gipfeln, die sich hier zu einer grandiosen Bergkulisse versammelt haben. Der Blick schweift vom Massiv des Mont Blanc bis zu dem steilen Dom des Matterhorns, der wie ein einsamer Kegel aus dem Orchester der verschneiten Gipfel emporragt und durch seine markante Silhouette auch aus weitester Ferne noch zu erkennen ist. Die Farbe der Gipfel ändert sich von Stunde zu Stunde, ob gleißend am Mittag, langsam sich vergoldend, dann rötlich sich färbend und verglühend im letzten Licht, während der Abendhimmel in ein immer ätherischer werdendes Blau sich kleidet, vorausgesetzt, dass keine Wolken zwischenzeitlich aufziehen. Ist das „Alpentheater"?

KREISEN ÜBER SIZILIEN   September 2012

Die Erweckung des poetischen Auges geschieht intuitiv, als wir gerade über Dalmatien und Apulien fliegen. Unter den Orten, die der Pilot ansagt, horche ich besonders bei Foggia auf, denke an den heute nur noch an einem Portal sichtbaren Kaiserpalast, eines der Machtzentren Friedrichs II. von Hohenstaufen, dessen umstrittene Persönlichkeit und Lebensgeschichte unsere Reise begleiten wird. Von

Friedrich dem Großen, der für die Aufklärung der galanten Zeit steht, reisen wir gleichsam ins Mittelalter zurück zu Friedrich dem „Größten" und begegnen der bis heute faszinierendsten Herrschergestalt der staufischen Epoche. Seine Zeitgenossen nannten ihn im dreizehnten Jahrhundert „Stupor Mundi", das Staunen der Welt. Friedrich war ein umfassend gebildeter Kulturmensch, anfangs auch künstlerisch tätig wie der große Preußenkönig, zeigte sich aber von seinem Charakter her noch herrschsüchtiger, unberechenbarer und streitlustiger als der im Alter misanthropische Philosoph von Sanssouci. Der Stauferkaiser hatte eine Passion für die Naturwissenschaften, verfasste ein vielbeachtetes Werk „Über die Falkenjagd" und war des Arabischen kundig und vieler anderer Kultursprachen. Er wuchs im multikulturellen Palermo auf und war durch seinen Umgang mit arabischen Hoflehrern, Wissenschaftlern und Künstlern früh für den Orient, seine Architektur und Kunst begeistert worden. Durch seine fundierte Bildung gelang es Friedrich, die künstlerischen Erzeugnisse und die Architektur des Islam auch in ihrem Sinngehalt zu durchdringen. Er liebte und inszenierte mit Vergnügen den orientalisch-sinnlichen Prunk bei den von Chronisten beschriebenen Festen am Kaiserhof in Foggia. Sein geistig-intellektueller Horizont und Anspruch, in dem sich astronomische mit literarisch-philosophischen Erkenntnissen zu einem hochgestimmten Denken verbanden, hob ihn weit heraus aus dieser oft als „unaufgeklärt" bezeichneten Zeit. Gleichzeitig war er fest entschlossen, den christlichen Heilsgedanken in seinem Reich zu verteidigen und führte 1228 den Kreuzzug als ein vom Papst Exkommunizierter bis nach Jerusalem, wo er sich, diplomatisch geschickt verhandelnd, mit dem ägyptischen Herrscher al-Kamil auf die friedliche Rückgabe Jerusalems einigte.

Im Überfliegen Süditaliens fiel mir auf, wie ausgetrocknet viele Felder und Wiesen waren. Die Erde war hier von der Sonne ausgedorrt und schien auf himmlische Ergüsse zu warten, die aber oft erst im Herbst und Winter niederregnen. Aus dem Cockpit erfuhren wir, dass der Flughafen von Catania vorübergehend geschlossen wurde und dass wir vor dem Landeanflug noch einige Warteschleifen drehen sollten, bevor der Einflug zur Landung freigegeben werden konnte. Sollte

etwa der Ätna wieder spuken, Basaltbrocken auswerfen, wie jüngst, als ein Sport-
flugzeug getroffen wurde und abstürzte? In den Tageszeitungen Siziliens erschienen
in letzter Zeit häufiger Fotos von verunglückten Privatflugzeugen, die zu nah an
den Gipfelkrater geflogen waren. Hier hauste seit Urzeiten ein unberechenbarer
Titan, denn als solchen hatten sich die Menschen in der Antike die Macht des
Vulkans vorgestellt: der wilde Gigant Typhos trieb permanent sein Unwesen im
Inneren des Vulkans. Nach mythischer Deutung war also die ungestüme Aktivität
des Ätna auf die Zornausbrüche des Riesen in Form von Eruptionen oder heißen
Lavaströmen zurückzuführen. Im Mittelalter wurden diese nach dem Verständnis
der Bewohner der Region von Heiligen aufgehalten, denen Votivstatuen an den
entsprechenden Stellen geweiht wurden. Aber auch trotz der guten vulkanolo-
gisch-geologischen Erforschung der Ungetüme ist der Mensch noch nicht so weit
gekommen, das gefährliche Wirken des Vulkans zu kontrollieren, genau vorher-
zusehen oder gar zu beherrschen. Immer noch ist die Menschheit ohnmächtig
gegenüber der Allgewalt der Natur. Das hat der Ausbruch des „kaum aussprech-
baren" Vulkans auf Island im Frühjahr 2010 erneut bewiesen, der einen Teil des
Flugverkehrs in Mitteleuropa lahmlegte. Wir schauen mit Ehrfurcht und Staunen,
aber auch mit Schrecken der Kraft und Explosivität des Erdinnern zu, diesem oft
zerstörerischen Spektakel, das sich immer wieder erneuert.

Immer noch war etwas Zeit bis zur Landung zu überbrücken, so dass unsere
Boeing an den Liparischen Inseln vorbeifliegen konnte. Unter uns war die Insel
Salina zu sehen mit ihrem charakteristischen Doppelkegel, das langgestreckte Li-
pari lag unter uns und erschien mir wie eine sonnenanbetende Königstochter, die
inmitten des tyrrhenisch-äolischen Meeres in Frieden thront und auf ihre Freier
wartet. Vulcano war durch den hell leuchtenden Kraterrand leicht auszumachen,
von dem regelmäßige Fumarolen aufstiegen, die sich zu dünnen Wolken ballten.
Für den nächsten Tag war unsere Überfahrt mit dem Fährschiff von Milazzo nach
Lipari geplant, hoffentlich bei windstiller See. Doch zunächst flogen wir über die
Gebirgszüge der Madonien, wo die höhergelegenen Bergdörfer zu erkennen waren und dann plötzlich der fast irreal anmutende Blick auf „seine Majestät", den

Ätna: von Schnee befreit, ohne Wolken, so herrlich wie nie zuvor, da allzu oft Wolken seinen Gipfel verdecken. Sein Massiv überragt den ganzen Nordosten Siziliens. Als der Flieger schließlich die Wolkendecke erreichte, durchstießen wir wackelnd die Stratosphäre der dünnen Wolkenfetzen, schwebten über die weite Ebene von Catania, auf die die Wolken wandernde Schatten warfen. Die Ohren knackten und sausten, während wir kreisten und kreisten und schon deutlich an Höhe verloren hatten. Ziemlich erleichtert schienen die meisten der Passagiere zu sein, als schließlich das Signal zur Landeerlaubnis ertönte. Mit leichten Schwindelgefühlen konnten manche es kaum erwarten, am Flughafen in Catania wieder festen Boden unter den Füßen zu spüren.

AUF DEM LAVAFELD DES „VOLCAN DE LA CORONA" IN LANZAROTE 4. Mai 2006

Auch die kanarische Insel Lanzarote ist vulkanischen Ursprungs und besitzt im Norden in der Gemeinde Haria einen einzigartigen Komplex von Grotten und Galerien, die durch einen unterirdischen Lavatunnel verbunden sind. Mit der Gestaltung dieser *Jameos del Agua* genannten Anlage wurde in den sechziger Jahren der inzwischen weltberühmte, aus Arrecife stammende Künstler César Manrique beauftragt. In dieses weiträumige Grottensystem steigt man hinab, bis man an einen kleinen Salzwassersee gelangt, auf den durch eine Öffnung Sonnenstrahlen fallen, während sich die Wellen an der Decke des Lavatunnels widerspiegeln. Auf dem Grund des Sees sieht man winzige weiße Taschenkrebse, die blinden Albino-Krebse, die ganz langsam über Steine und Münzen hinüberkrabbeln. In Verbindung mit der mystischen Ambient-Musik von Aquilar wird man schnell in eine meditative Stimmung versetzt. Am Abend finden am See Folklore-Darbietungen statt, die von den dinierenden Gästen verfolgt werden. In einem benachbarten Grotten-Auditorium gehen Konzerte mit klassischer Musik über die Bühne, ähnlich wie in den Tropfsteinhöhlen, den Cuevas del Drach auf Mallorca.

In den Dokumentationsräumen der Casa de los Volcanes könnte man Stunden verbringen, um sich die vielen Schauräume mit vulkanologischen Erläuterungen, die Videos von Vulkanausbrüchen anzusehen und sich etwas vom Grundlagenwissen zur Aktivität der unzähligen Vulkane dieser Welt und auf den Kanaren im Besonderen anzueignen. Einer der Höhepunkte für die Vulkantouristen ist aber sicher der in 475 Meter Höhe gelegene „Mirador del Rio", ein spektakulärer Aussichtsposten, der von Manrique in den Stein hineingearbeitet wurde. Zwei weiß gekalkte, miteinander verbundene Räume, von deren Decken zwei große Skulpturen aus Draht und Eisen hängen, dienen als Cafeteria. Durch die breiten Glasfenster erkennt man in der Ferne die kleine Nachbarinsel La Graciosa. Von den zwei Panoramaterrassen ist fast die ganze Insel zu überblicken. Besonders faszinierend ist die grandiose Lavalandschaft um die Feuerberge herum. Ausgehöhlte Krater waren leicht auszumachen, Vulkankegel und rötlich leuchtende Bergrücken erhoben sich, über die die Schatten der Wolken dahinsegelten. Im Nationalpark von Timanfaya, den ich und meine Begleiterin zu Fuß durchwanderten, konnten wir die Lavaphänomene aus nächster Nähe beobachten: Lavazungen, Lavahöhlen, Lavakanäle und Lavaröhren, wie sie auch in Sizilien, Island oder auf der Inselkette Hawaii zu bewundern sind. In den Ausbruchskegeln waren die verschiedenen Gesteinsschichten an den unterschiedlichen Farbtönen zu erkennen. Es war wie eine Reise ins Innere der Erde. Ich musste unwillkürlich an die Lektüre von Jules Vernes Abenteuerroman „Reise zum Mittelpunkt der Erde" denken, den ich als Kind verschlungen hatte. An manchen Stellen ist die Temperatur der Erde so hoch, dass Büschel vom Kameldornbaum sich in einer Tiefe von mehreren Metern entzünden oder über einem offenen Schlot, der „Islote de Hilario", sogar Fleisch gegrillt werden kann. Das haben wir zwar nicht ausprobiert, dafür lauschten wir auf der Busfahrt durch das „Lavaland" den schaurigen Auszügen aus dem historischen Bericht des Vulkanausbruchs von 1730-1736 von Andres Lorenzo Curbelo, dem damaligen Pfarrer der Gemeinde von Yaiza, der einen der größten und längsten Ausbrüche eines kanarischen Vulkans als Augenzeuge erlebt und niedergeschrieben hatte.

AUF EINE SKULPTUR VON CÉSAR MANRIQUE
Kleine lyrische Fantasie   13. Mai 2006

Für den alten Freund und stolzen *Canario*, den Kulturbotschafter Sebastian Saa-
vedra aus Galdar, der mich vor langer Zeit auf Manrique aufmerksam machte

> Flirrend dreht sich im heiteren Tanz
> Das Windspiel des Meisters von Lanzarote
> Mal flink mal zögernd bewegt es sich im Abendsonnenglast
> schaukelt im Rhythmus des Windes wie Mobiles von Calder
> Bunte grelle Farben verteilen munter sich im offenen Raum
> vor Schleierwolken strahlend vor plötzlich enthülltem Blau
> O könnte tanzen ich mit dir
> Laszive Gespielin der Lüfte
> Quirlig und launig dem Licht entgegen!

ITALIENISCHE STREIFLICHTER
Kunstreisen in der Toskana

Eine Reise nach Italien ist auch heute noch eine Erziehung der Augen zum Sehen,
zum Wahrnehmen des Besonderen, zu einer künstlerischen Vision des Schönen,
die einen, wie häufig in der Toskana, restlos erfüllen kann. Indessen wächst durch
diese sinnlich differenzierte Erfahrung das Bewusstsein um die Historizität der
Orte und Landschaften, deren Kontext man sich ins Gedächtnis zu rufen geneigt
ist. Städte wie Siena, Florenz oder Pisa lassen sich sicher nicht mit einem einzigen Besuch in ihrer sozialgeschichtlichen und baukünstlerischen Dimension, in
ihrer Bedeutung für die europäische Kunstgeschichte erfassen, sondern verlangen
zu ihrem Verständnis ein fortwährendes Bemühen, sich jenseits der einschlägigen Sehenswürdigkeiten auf ihre Individualität, ihre Bewohner und deren Tradi-

tionen einzulassen und die überreich vorhandenen Kunstschätze angemessen zu würdigen. Das heutzutage fast inflationär praktizierte, übereilig-oberflächliche Ablichten des Ortes und seiner „landmarks" blendet notgedrungen die geschichtliche Tiefenschärfe und die übergeordneten Zusammenhänge aus, so dass es nicht wirklich zu einer inneren Aufnahme der besonderen Aura und Bedeutung der besichtigten Stadt kommt. Erst im wiederholten Begehen und Anschauen, das heißt in der vertieften Betrachtung der Lokalitäten in Verbindung mit dem nötigen Hintergrundwissen und der vergleichenden Erfahrung kommt es zu einer wahrhaft bereichernden Begegnung, die bleibende Spuren in der Persönlichkeit des Besuchers hinterlässt. Diese Grundüberzeugung hat sich in unzähligen, über dreißig Jahre verteilten Italienreisen immer mehr herauskristallisiert und inspiriert bis heute meine von Neugier und Erkenntnisdrang beflügelte Suche nach dem genuinen Reiseerlebnis. Dieses sollte, wenn möglich, eine Steigerung des Lebensgefühls, eine Vervielfältigung der Daseinslust und Augenfreude mit sich bringen, aber auch eine spirituelle und intellektuelle Vervollkommnung zum Ziel haben. Reisen ist eine fortwährende Übung der Sinne und des Gedächtnisses und gibt uns die Chance einer wenn auch nur vorübergehenden Veränderung gegenüber unserem Alltag und bestenfalls einer befreienden Transformation in unserem zu oft von Gewohnheiten bestimmten Leben. In dieser Hinsicht hat Reisen auch eine therapeutische Dimension und kann sich heilsam auf Geist, Seele und Sinne, also auf unser ganzes Menschsein auswirken. Dazu trägt sicher auch der vertiefte und dadurch umso mehr die Seele beglückende Kunstgenuss bei, wie er sich in der gleichsam lesenden Betrachtung der toskanischen Fresken, Skulpturen und Architekturen wunderbarerweise immer wieder einstellt.

In vielen toskanischen Städten können wir uns darin üben, am intensivsten in Florenz und kaum weniger intensiv in Siena, der ewigen Rivalin der Medici-Stadt. Aber nur Siena besitzt an einer der schönsten Platzanlagen Italiens, der Piazza del Campo, den vielleicht reizvollsten gotischen Freskenschatz allegorischen Charakters mit den Bildern von Lorenzetti und Martini im Rathaus und in seinem mosaikverzierten weißen Dom einen außergewöhnlich reich mit Intarsien verzierten

Marmorfußboden. In seiner bildlichen Gestaltung spielen, dem Entstehungszeit-
raum entsprechend, humanistisch inspirierte Allegorien eine große Rolle. Neben
der von Pinturicchio gezeichneten Allegorie des „Berges der Weisheit", die den
schweren Aufstieg einer Schar von Gelehrten auf den Berg der Weisheit zeigt,
ist es das „Rad der Fortuna", das auf die Wechselhaftigkeit des menschlichen
Schicksals verweist, und mehrere biblische Motive und Figuren, die zusammen
eine philosophisch und theologisch tief durchdachte Weltanschauung entfalten
und unterschiedliche Interpretationen hervorgerufen haben. Ich wüsste kaum
einen schöneren und zugleich intellektuell stimulierenden Fußboden in einem
Dom zu nennen, wenn man von den antikisierenden Mosaikfußböden in den
frühchristlichen Basiliken von Aquileia oder Otranto einmal absieht. Zwischen
1369 und dem 15. Jahrhundert wurde er geschaffen und spiegelt in den vielen

Marmorfußboden im Dom zu Siena. Geschichte der Fortuna und der Hügel der Tugend.
Nach einer Zeichnung von Pinturicchio. Aus: E. Carli: Der Dom von Siena. Florenz 1978, S. 28.
Mit Dank an Ikare, M.-L. Universität Halle.

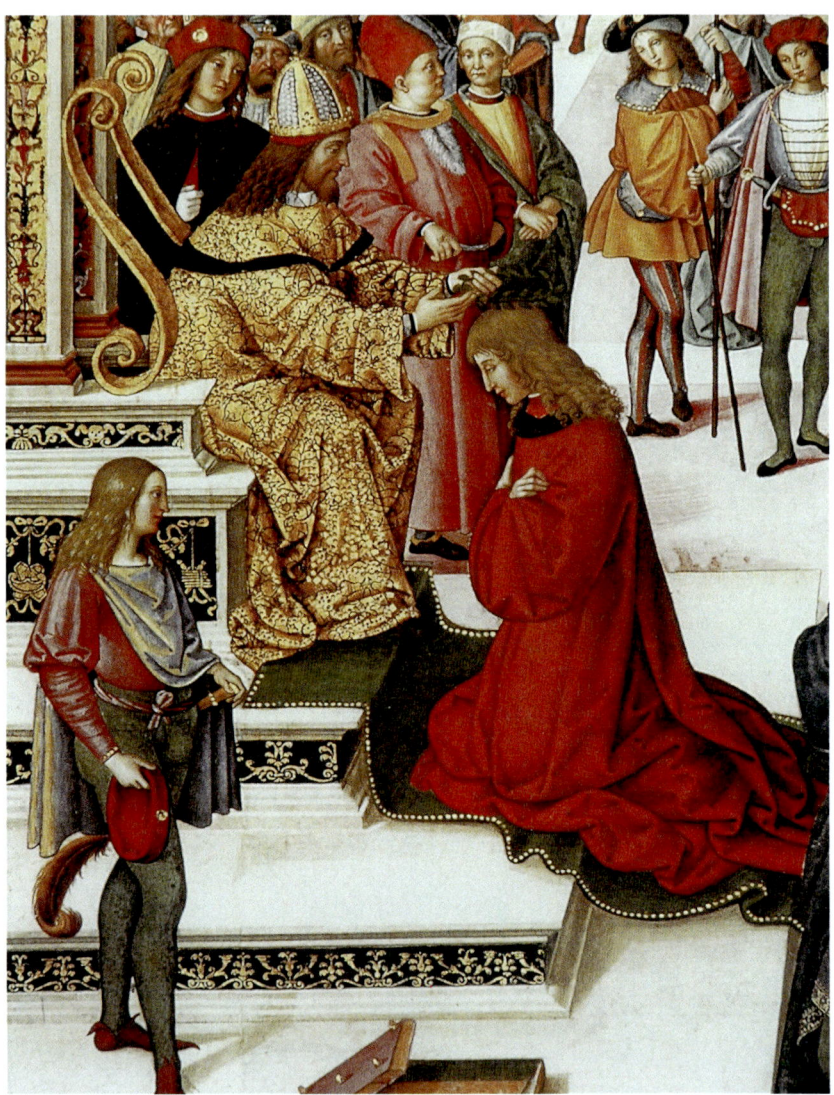

Libreria Piccolomini. Die Dichterkrönung des Enea Silvio Piccolomini durch Kaiser Friedrich III.
Ausschnitt a. d. Fresko von Pinturicchio. Mit Dank an DILPS, Ruhr-Uni Bochum, Kunsthistorisches
Institut.

Medaillons antiker Sibyllen und griechischer Philosophen die Hinwendung zur
Antike in der Zeit der frühen Renaissance, thematisiert aber auch die mythische
Gründungslegende der Stadt Siena. Der Dom ist überreich an Kunstwerken.
Erst nach mehreren ausführlichen Besuchen kann man sich überhaupt einen an-
gemessenen Überblick über die Architektur und Innenausstattung verschaffen.
Von den zahlreichen Besichtigungen sind mir jedoch zwei besondere Erlebnisse
in Erinnerung geblieben.

FREIWILLIG EINGESCHLOSSEN IN DER
LIBRERIA PICCOLOMINI

Einmal hatte ich das Glück, kurz vor der Mittagspause die ehemalige Domherren-
sakristei mit der Libreria Piccolomini betreten zu dürfen, in die ich mich heimlich bis zum Ende der Mittagspause allein einschließen ließ. Dadurch konnte
ich in Ruhe und Muße die Fresken von Pinturicchio auf mich wirken lassen und
die vielen, mit kostbar leuchtenden Miniaturen geschmückten Choralbücher
der Sakristei in den Schaukästen bewundern. Die Betrachtung der Wandbilder,
auf denen wichtige Ereignisse aus dem Leben von Papst Pius II., wie etwa seine
Dichterkrönung durch Friedrich III. oder die von ihm als Bischof von Siena ein-
gefädelte, erste Begegnung von Friedrich III. mit seiner späteren Frau Eleonore
von Aragon dargestellt sind, ist auch eine lebendige Begegnung mit einer der in-
teressantesten Renaissance-Persönlichkeiten Italiens, dem Humanisten Enea Silvio Piccolomini, der 1405 in Siena zur Welt kam.

DER DICHTER-PAPST ENEA SILVIO PICCOLOMINI

Bevor er 1458 zum Papst gewählt wurde, machte Piccolomini als Redner, Dip-
lomat und Berater eine erstaunliche Karriere, die ihn bis an den Kaiserhof Fried-

richs III. führte, in dessen Kanzlei er als Sekretär wirkte. Seinen Zeitgenossen wurde er nicht nur dank seiner außerordentlichen Beredsamkeit und vielseitigen Gelehrsamkeit, sondern auch als Autor geistreicher Dialoge und frivoler Liebesgeschichten bekannt. Einer seiner erfolgreichsten und meistgelesenen Texte ist die erotisch-freizügige Novelle *Historia de Eurialo et Lucretia*, die in viele Sprachen übersetzt wurde, unter anderem auch ins Deutsche. Auch seine bekenntnishafte Selbstbiographie, die sog. *Commentarii*, die er in seinen letzten Lebensjahren verfasste, sind eine zeitgeschichtlich wertvolle Quelle und zugleich Zeugnis seiner Liebe zur toskanischen Landschaft südlich von Siena. Unweit des Monte Amiata und des Orcia-Tals, in Corsignano, am Orte seiner Geburt, erfüllte sich Piccolomini, seit 1458 zum Papst geadelt, einen Lebenstraum: den Bau einer ‚Idealen Stadt' im Stil der Renaissance, die ihm zu Ehren in Pienza („Stadt des Pius") umbenannt wurde. Zusammen mit dem Florentiner Architekten Bernardo Rossellino entwarf er kühne Pläne für den Bau einer Kathedrale (nach dem Vorbild süddeutscher Hallenkirchen), eines Bischofspalasts, des Rathauses, eines päpstlichen Familienwohnsitzes und anderer Adelspaläste, deren Realisierung eine Unsumme aus dem päpstlichen Staatsschatz verschlang, zugleich aber sein ehrenvoll-repräsentatives Andenken in der Nachwelt sichern sollte. Als ich 2006 gemeinsam mit einer befreundeten französischen Architektin seinen Familienpalast, den Palazzo Piccolomini in Pienza besuchte, fiel mir neben der ausgewogenen Stadtanlage der beeindruckende Reichtum an Büchern in der dortigen Bibliothek auf, die die vielseitigen Interessen Piccolominis und seine an antiken Vorbildern orientierte, umfassende literarische Bildung widerspiegelt. Benedikt Konrad Vollmann, einer der Spezialisten für den Literaten Piccolomini, betonte dessen außergewöhnliche Sprachbegabung und passionierte Schreiblust aus humanistischem Impetus heraus und attestierte dem Autor des geographisch-historischen Traktats *Über Asien* eine klare und durchsichtige Diktion, rühmte gleichzeitig dessen angenehm-distanzierte Sprache, mit der Piccolomini auch in seiner diplomatischen Tätigkeit Politiker und Regierende bei besonderen Gelegenheiten zu überzeugen wusste. Auf einem der Wandbilder der Libreria sieht man Pius II. den Leichnam von Katharina von Siena segnen. Pius zelebrierte deren Heiligsprechung und Kanonisierung im Jahr 1461 im Petersdom und hielt eine Lobrede auf die 1380 in Rom verstorbene Katharina, der zu Ehren in Siena mehrere Oratorien und Gedenkräume errichtet wurden.

Barna da Siena (ca. 1300-1350): Mystische Vermählung der Hl. Katharina. Tempera auf Holz (138 mal 111 cm) Boston Museum of fine arts. Abb. in: L.B. Kanter: Italian Paintings oft the Museum of fine arts, Bd. 1 Boston, 1994. Dank an Conada Kor vom Kunsthistor. Inst. Goethe-Uni Frankf. a. M.

DIE HEILIGE KATHARINA VON SIENA

Das „Santuario di Santa Catherina" wurde Ende des 15. Jahrhunderts im Geburtshaus der Heiligen eingerichtet und ist reich mit Gemälden geschmückt. Es enthält das bemalte Pisaner Kruzifix, vor dem die Heilige die Stigmata Jesu empfangen haben soll.

Katharina von Siena, die 1380 im Alter von nur 33 Jahren starb, war nicht nur Kirchendoktorin. Sie avancierte von der Schutzpatronin Sienas zur Schutzherrin Italiens und sogar (seit der europäischen Einigung) Europas. Sodoma hat sie auf farbenprächtigen, visionären Fresken in der ihr 1488 geweihten Kapelle in der Dominikanerkirche von Siena verewigt, unter deren Altar die Urne mit der Kopf-Reliquie der Heiligen ruht. Es lohnt sich diesbezüglich einmal die *Legenda Maior*, die ausführliche Lebensgeschichte Katharinas aus der Hand ihres Beichtvaters Raimund von Capua zu lesen. Darin kristallisiert sich die innige Frömmigkeit der Zeit Katharinas heraus, die in der theologischen Beschreibung der „mystischen Vermählung" Katharinas ihren Höhepunkt erreicht.

DAS EREIGNIS DES PALIO

Die andere starke Erinnerung an den Dom zu Siena ist das Erlebnis des zu einer Freudenbühne verwandelten Kirchenraums nach dem Einzug der beim Palio siegreichen Contrade samt Pferd und Reiter. Da war Jubel und Trubel, es wurde laut gesungen. Schlachtengesänge wie in einem Fußballstadion schallten durch das Mittelschiff, kurz: es war die Hölle los und das in einer Kirche, wo die Menschen sonst still im Gebet versunken sitzen und beten. In dieser seit jeher von den Contraden beherrschten und geprägten Stadtrepublik schwappte an diesem fieberhaft ersehnten Tag des Palio-Rennens, das nur ein paar Minuten dauerte, oft mehrmals abgebrochen, wieder neu gestartet wurde, das Leben von der Straße in den Dom über in einem jubelumbrausten, kaum zu kontrollierenden Massenauflauf. Dass ein solches Spektakel in der Corona-Zeit fast undenkbar erscheint, liegt auf der Hand. Mit Wehmut werden sich sicher viele Sieneser an die letzten, noch nicht eingeschränkten Palio-Rennen erinnern, und deren Gedränge, die fieberhafte Vorfreude und diese atemlose Spannung vermissen während des umkämpften Starts und vor allem während des mitreißenden Reiter-Wettstreits auf der übervölkerten Piazza del Campo. Es einmal erlebt zu haben inmitten dieser aufgeregten Masse von zehntausenden von Zuschauern ist doch eine denkwürdige Erinnerung, die man nicht müde wird, zeit seines Lebens gerne und oft weiter zu erzählen.

AUF DEN SPUREN DER ETRUSKER   Das Hypogäum bei Perugia

Nicht nur in der Toskana, in Siena, Chiusi oder Cortona , auch in Latium und in Umbrien sind bedeutende Reste aus der Etruskerzeit ausgegraben und somit der Nachwelt erhalten geblieben. Es sind vor allem Totenstätten, Nekropolen, die einen Eindruck von der Kulturwelt der Etrusker vermitteln können. In der Nähe von Perugia liegt eines der vollständigsten Gräber der Etrusker überhaupt, das Hypogäum der Volumnier. Diese Nekropole wurde erst 1952 beim Bau der Staatsstraße entdeckt. Sie barg eine Vielzahl von Urnen, Sarkophagen, Grabbeigaben und Reliefs, die zum größten Teil *in situ* geblieben sind. Zunächst geht man eine Treppe hinunter, den sogenannten „Dromus" bis zur Eingangspforte: ein Weg hinab in die Unterwelt, wo die Gorgo den „Eindringling" unbestechlichen Blicks empfängt. Das sog. „Tablinum" und die „Cubicula" (die Grabkammern) sind symbolträchtig geschmückt mit weiteren Gorgo-Reliefs, Büsten, Delphinen und Vögeln, die auf Dolchen oder Schwertern sitzen: Symbole der Unsterblichkeit, schutzbeschwörende Zeichen. Das eindrucksvollste Monument aber ist das eigentliche Grabmal der Volumnier, wahrscheinlich das des Familienoberhaupts. Dessen Urnengrab trägt eine plastische Auflage, mit dem Verstorbenen beim Bankett, darunter zwei Genien, geflügelt mit Fackeln, die eine nach unten gekehrt, die andere nach oben, Liebe und Tod andeutend, eine Symbolik, die die

Römer mit dem Todesgenius und dessen umgestürzter Fackel weiter geformt haben. Auch die trauernden Engel, die wir an manchem christlich-barocken Grabstein bewundern, stehen in gewisser Weise noch in dieser uralten Tradition. In der zentralen Grabkammer ruht neben den Urnensarkophagen der Familie ein besonders feiner Sarkophag aus Marmor (der einzige aus Marmor hier) mit einem kleinen Tempel auf dem Dach. Vier Sphingen wachen über die Verblichenen. Dieses Hypogäum ist für Etruskerfreunde und Forscher absolut unentbehrlich, da es die faszinierende Bestattungskultur der Etrusker in einzigartiger Vollständigkeit zusammenfasst. Ein paar Jahre später kehrte ich mit einer Studienreisegruppe der Berliner Urania zurück in diese in den Tuffstein hineingeschlagene Grabstätte aus dem ersten vorchristlichen Jahrhundert. Für die Führung dort gab mir die Lektüre des in Tarquinia erworbenen Buches *Etruskische Stätten* von D. H. Laurence manche Anregung. Der große Erzähler und Novellist hat sich vor allem mit den noch reicher bemalten Grabanlagen in Cerveteri und Vulci und deren Todes- und Jenseitsvorstellungen auseinandergesetzt. Seine Erkenntnisse lassen sich aber auch auf das Grabmal der Volumnier übertragen.

TARQUINIA NEKROPOLE: ABSTIEG IN DIE UNTERWELT
Oktober 2001

Mit dem Bild der umgestürzten Lyra, die von einem bacchantisch tanzenden Spieler gehalten wird, endete die Vision der etruskischen Unterwelt. Sie ist farbenfroh und heiter, beschwört keine Trauer, keine Düsternis, sondern ruft Erinnerungen an die schönen, genussvollen Seiten des irdischen Lebens hervor. Was nach dem Diesseits folgt, oft durch eine illusionistisch gemalte Tür im Raum dargestellt, darüber schweigen sich die Maler aus. Die jenseitige Welt wollen und können sie nicht darstellen. Sie bleibt verborgen. Umso mehr wird das Diesseits mit allen seinen Freuden gefeiert, fröhliche Bankette, spielerische Vergnügungen aller Art, das sinnlich-heitere Zusammensein. Der oder die Verstorbene wird häufig auf einem Karren sitzend dargestellt, der aufbricht zur Reise ins Jenseits, geleitet von einem Wagenführer (Charon) oder guten Dämonen. Immer wieder ist er beim Bankett zu sehen, liegend und meistens eine Weinschale (die Patera) in der Hand haltend, einen besonders schönen Moment des Lebens, der Lebensfreude und des Genießens evozierend. Der Tod wird gesehen als Aufbruch zu einer neuen Reise ins Unbekannte. Hier und da tauchen an den Rändern der Sarkophage geflügelte Wesen auf, Engel oder Dämonen, die das Geschehen auf dem Grab beschirmen oder beeinflussen. Eine Verstorbene ist zu erkennen, die eine Schriftrolle in der Hand hält, auf der eine Liste ihrer Verdienste steht. Der Sarkophag dient also auch der Selbstdarstellung des Verstorbenen oder enthält eine Botschaft an die Nachwelt. Es findet sich manchmal auch ein Hinweis auf ein dargebrachtes Opfer in Verbindung mit dem Tod. Die Inschriften sind zum Teil direkt in den Stein gemeißelt. Und doch bleibt viel Rätselhaftes aus dieser Sterbe- und Bestattungskultur, über das wir kaum Aufschluss erhalten werden, so sehr wir uns auch darum bemühen.

REISE NACH LATIUM ZU DEN ETRUSKERN VON CERVETERI
Oktober 2001

Etruskerabend

Tyrrhenisch verträumte Stunden
verrinnen ins Meer
Schon hat das Abendrot den Horizont gefärbt
Wenn erst die Lichter von der Küste funkeln
verstummen Schreie in der Ferne

Versunkene Gräber von *Cerveteri*
Niemals enträtseltes Reich der Etrusker

Dessen Pforten uns empfingen
Wer wurde hier gebettet in die kalten Kammern
auf verwaiste Kissen für die Ewigkeit?

In Gräbern modern längst zersetzte Moleküle
Von Moos und Flechten überwachsen
Gerissen sind die Spinnennetze
gesponnen von Jahrhunderten

Orakelnd Grab um Grab befragen Zeichen wir
Und suchen Lebenspuren auch im Orkus
Am Ende lassen wir des Schweigens Hort
Vergangenes Glück hier nicht verortbar
Doch ob es denen jenseits besser geht
Wer will es wissen denn?

Bei *Santa Severa* am Strand
Sausen lautlos Segelflieger
am verlassenen Kastell vorbei
wo längst das Licht erlosch

AUF DEM PROTESTANTISCHEN FRIEDHOF IN ROM
Oktober 2001

Während meiner zweieinhalb Monate in Rom besuchte ich mit einer englischen Literaturfreundin den protestantischen Friedhof nahe der Cestius-Pyramide, den wir in ein paar Schritten von meiner Wohnung aus erreichen konnten. Die goldene Herbstsonne tauchte den Cimetero degli Stranieri acattolici, wie er offiziell heißt, in ein mildes Nachmittagslicht. Schon von draußen wird man der fast me-

Cerveteri: Etruskisches Tumulus-Grab, Tomba die rilievi inder sog. Banditaccia-Nekrolpole,
bemalte Stuckreliefverzierungen in der Grabkammer. 4. Jh. v. Chr. Aus: M. Pallotino, Rasenna:
Storia e civiltà degli Etruschi. Mailand 1986, S. 175, Abb. 101. Dank a. GAUDI. Archäolog. Institut
der G. A. Universität Göttingen.

diterranen Vegetation auf diesem Friedhof gewahr: Zypressen ragen neben Pinien und Palmen hinter der spätantiken Aurelianischen Stadtmauer hervor, die den Friedhof auf einer Seite hin abgrenzt. Um auf den Friedhof zu gelangen, muss man eine Glocke läuten. Kurz danach erschien ein Wärter, der uns, ohne mit der Wimper zu zucken, einließ. Unser nachdenklicher Spaziergang über diese Totenstätte führte an lauter besonderen Gräbern vorbei, die auffallend viele künstlerische Grabsteine besitzen. Die Inschriften auf den Grabsteinen erzählen eine kleine geheime Kulturgeschichte Roms. So viele große Maler, Schriftsteller und Schriftstellerinnen, Dichter und Architekten sind hier beerdigt worden: August Riedel, ein deutscher Landschaftsmaler, der Architekt Gottfried Semper, dessen Grab uns der Wärter zeigte, der Deutsch-Römer Hans von Marées (dessen Grab wir vergeblich suchten), der schwäbische Dichterfreund Hölderlins Wilhelm F. Waiblinger

(O ihr Götter! sterben ist schön in Rom, doch schöner zu leben.) und zwei bedeutende Frauengestalten der zweiten Hälfte des 19. Jahrhunderts: Henriette Hertz, Berliner Salondame und Begründerin der auf Kultur- und Kunstgeschichte spezialisierten Biblioteca Hertziana, deren ungewöhnliches, zylinderförmiges Grab ich zufällig entdeckte, und Malwida von Meysenbug, die Freundin Richard Wagners, Friedrich Nietzsches und (im hohen Alter) auch Romain Rollands, als Autorin der *Memoiren einer Idealistin*, die sie zunächst in Französisch verfasste, bekannt geworden. Auch Goethes Sohn August, der 1830 in Rom an den Folgen seiner Trunksucht zugrunde ging, liegt hier einsam begraben, mit der schlichten Grabinschrift „Goethe filius Patri Antevertens obiit". Wie tragisch es sein musste, im Dunstkreis einer so bedeutenden Persönlichkeit sein Leben zu fristen, hat Richard Friedenthal in seiner vielgelesenen Goethe-Biographie beschrieben. Die beiden englischen Romantiker John Keats und Percy Shelley, die frühvollendet in Italien starben, wurden hier nicht weit von dem Grab ihres Freundes bestattet, des Malers Joseph Severn, in dessen Armen der lungenkranke Keats in der Wohnung an der Piazza di Spagna starb. Das melancholische Epigraph hatte sich der junge Keats selbst gedichtet, der in Rom 1821 elend an Tuberkulose starb: „Here lies one whose name was writ in water." Nur ein Jahr später kam sein Freund Percy Shelley vor der Küste von Livorno bei einem Schiffbruch ums Leben und raffte damit den neben Byron und Keats wichtigsten Protagonisten der englischen romantischen Dichtung hinweg. Beim Weiterschlendern musste ich an die ahnungsvollen Verse des bei deren Niederschrift nur dreiundzwanzigjährigen Keats vom Januar 1818 denken:

>   When I have fears that I may cease to be
>   Before my pen has glean'd my teeming brain…

in denen er die Angst des romantischen Dichters, sein Werk nicht vollenden zu können, beschwor und die letzten, an Leopardis Gedicht „*L'Infinito*" erinnernden Verse allzu traurig ausklingen:

then on the shore of the wide world I stand alone, and think
Till love and fame to nothingness do sink.

Der Besuch der Gräber der englischen Romantiker inspirierte uns, anschließend auch noch die kleine Keats-Shelley-Gedenkstätte an der Spanischen Treppe aufzusuchen. Wie wenig konnte sich Keats, der im November 1820 nach Rom kam und nur drei Monate später in diesem Haus starb, an den Schönheiten und Schätzen Roms und Italiens erfreuen! Und dennoch hat er einige der ergreifendsten und anmutigsten Verse der Weltliteratur geschrieben! Das Keats-Haus wurde 1906 vom Keats-Shelley-Gedenkverein gekauft, um dort eine Gedenkstätte mit Bibliothek einzurichten. Freunde der englischen Romantik können dort in den Büchern der unsterblichen Dichter deren Träume nachlesen, die sich nur allzu fragmentarisch in ihrem Leben erfüllten. Begeistert von den melancholischen Oden Keats' hatte ich als junger Student 1986 sein museal eingerichtetes Geburtshaus im Londoner Stadtteil Hampstead Heath besucht, in dem die Erinnerung an den Frühverstorbenen und sein Werk weiterlebt. Den berühmten Vers *A thing of beauty is a joy forever*, mit dem seine poetische Romanze Endymion anhebt, las ich dort zum ersten Mal im Original. Er lässt sich nicht nur auf die unsterblichen Verse des Dichters beziehen, sondern in gewisser Weise auch auf die in Rom bewunderten Kunstwerke übertragen. Die Kunstwerke bestehen weiter, aber die sich an ihnen erfreuenden Kunstfreunde sind vergänglich. Umso mehr wird der die Kunst liebende Mensch versuchen, über Fotografien hinaus, sich schreibend seiner Eindrücke zu vergewissern, biografische und zeitgeschichtliche Hintergründe zum Verständnis der Kunstwerke auszuleuchten und dabei die geistige Beschäftigung mit diesen noblen Gegenständen der Kunst verlängern. Aber angesichts der unerschöpflichen Schönheit eines wahrhaft großen Kunstwerks hilft, in Abwandlung eines Goethe-Wortes, nur die Liebe, das heißt die innerliche Freude an dieser Schönheit und darüber hinaus deren künstlerische „Einverleibung". Wenn das Religion ist, was die Romantiker und Präraffaeliten mit ihrem Schönheitskult begründet und die Ästheten des Symbolismus weitergeführt haben, so wird man doch voreilig manchmal dieses Kults verdächtigt, obwohl man nur bemüht ist, die gesehene Schönheit wirklich in sich aufzunehmen und wirken zu lassen.

DER BRITISCHE FRIEDHOF IN KORFU-STADT Juli 2020

Er war nicht einfach zu finden, dieser britische Friedhof von Kérkyra! Auf meiner Suche streifte ich praktisch durch das ganze Viertel von San Rocco, durchquerte Parks und Wohnanlagen, lief bewaldete Hügel hinauf, kam an stacheldrahtüberzogenen Gefängnismauern und furchteinflößenden Wachtürmen vorbei, verirrte mich in einem halb verwahrlosten No Man's-Land mit lauter suspekten Abfällen, wo man besser nicht nach Einbruch der Dunkelheit verkehrt und landete endlich auf einer kleinen Umgehungsstraße, die an den Friedhofsmauern entlangführte. Von weitem sah ich eine kleine schwarze Tür, eingelassen in die Mauer, die allem Anschein nach Einlass geben müsste zu dem gesuchten Friedhof. Wie erleichtert war ich, als diese Tür sich öffnen ließ und dabei ein am Türrahmen befestigtes Glöckchen läutete, fast etwas rituell-feierlich. Nun war ich also eingetreten in das Reich von Giorgios (George) Psailas, von dem ich gelesen hatte, dass er hochbetagt immer noch den Friedhof wie seinen Augapfel hüte, auf dessen Gelände er 1927 geboren war. Von einem Friedhofswärter war aber zunächst weit und breit nichts zu sehen, so dass ich ungestört durch die Baumreihen laufen, die Grabsteine betrachten, deren Inschriften entziffern, die aufgestellten Büsten und Grabskulpturen bewundern konnte, während ich den Duft exotischer Pflanzen einatmete. Diese in die Natur eingebettete beziehungsweise von der Vegetation vereinnahmte Wohnstatt der Toten ist ein besonderes Refugium und ein Lebensraum für viele seltene Pflanzen, besonders für die im Frühjahr blühenden Orchideen, aber auch ein Park voller alter Bäume und anderer Gewächse, die in diesem „Botanischen Garten" wild wachsen und gedeihen. Wer pflegt und hegt diesen Friedhofsgarten heute? Das wollte ich erfahren, als ich mich dem Eingangsgebäude näherte und plötzlich einen älteren Herrn entdeckte, der friedlich auf einem Sessel saß und

Grabmonumente auf dem Britischen Friedhof in Korfu-Stadt. © MML 2020

mich freundlich begrüßte. Da ich sein Alter sah und an den Hinweis im Reise-
führer dachte, konnte dieser weißhaarige Mann nur George sein. Ich begrüßte
ihn also herzlich und erzählte ihm gleich, dass ich schon einiges über ihn und seinen „British Cemetery" gelesen hätte und nun neugierig sei, was er zu erzählen
habe. Er lächelte und fing an, seine wohl schon häufiger berichtete Geschichte
mit diesem besonderen Ort zu erzählen. Er sei hier auf dem Friedhof in einem
der gelbgetünchten Häuser geboren und als Kind aufgewachsen und wollte auch
hier seine letzten Lebensjahre in Ruhe verbringen. Nur selten wird seine Ruhe

durch Besucher gestört, die sich jedoch von Zeit zu Zeit, auch manchmal angelockt von den Empfehlungen in Reise-Handbüchern oder auf digitalen Plattformen, in diese kleine Oase des Nachdenkens verlaufen und dann verzaubert dastehen, eben solche Friedhofs-Romantiker wie ich, die eine poetische Stunde genießen wollen oder botanisch interessiert sind. Ich hatte eifrig fotografiert und die schönsten Grabsteine im spätnachmittäglichen Licht- und Schattenspiel, ihre kunstvollen Einfassungen und Figuren aufgenommen und war froh, so unbehelligt den Reiz dieses verwunschenen Ortes eingefangen zu haben. Giorgios oder George, der natürlich recht gut Englisch sprach, erzählte weiter, und ich hörte diesem gutmütigen und in sich ruhenden Mann einfach zu, fragte ab und zu nach und sah in seinen Augen diese friedliche Gelassenheit, aus der das Loslassen aller allzu lästigen Pflichten und Aufgaben und eine innere Zufriedenheit leuchtete. Schließlich verabschiedete ich mich von ihm, dessen Seele und Dasein fast eins geworden zu sein scheint mit seinem Geburts-, Lebens- und möglichen Sterbeort, als Hüter und Bewahrer des Genius Loci, welcher über ihn wacht und für immer mit der Geschichte dieses besonderen Friedhofs in Verbindung gebracht werden wird. Froh war ich, diesen inzwischen (nach eigener Auskunft) fast 94-jährigen Menschen kennen und schätzen gelernt zu haben, und diese kostbare Erinnerung an unsere Begegnung an diesem warmen und etwas trägen korfiotischen Juli-Nachmittag mit ihm von nun an teilen zu dürfen.

Auf unzähligen Reisen haben mich immer wieder Friedhöfe angezogen, ob in Paris die Künstlerfriedhöfe oder in Sète der an der Küste gelegene Cimitière Marin mit dem Grab von Paul Valéry, ob in Genua der monumentale Staglieno-Friedhof oder der kleine protestantische Friedhof in Florenz in der Nähe der alten Stadtmauern, ob in Istanbul oder im noch morbideren Wien. In Venedig, auf der Friedhofsinsel San Michele, stand ich an den Gräbern von Igor Stravinsky, Ezra Pound, Joseph Brodsky, rezitierte Verse der Dichter, suchte den Dialog mit den großen Künstlern fortzusetzen, die ich verehrte. Dadurch wuchs vielleicht auch die innere Verbindung zu ihrem Werk, die Vertrautheit mit der über ihr Leben hinausweisenden Kunst. Es ist wie eine unsichtbare Begegnung mit Geistern, mit dem Unsterblichen, der aber überhaupt nichts Esoterisch-Eingebildetes anhaftet. Was aber macht genau die Faszination dieser scheinbar aus der Zeit gefallenen Totengedenkstätten aus, warum bezaubert mich noch immer ihre melancholische Schönheit und Poesie?

Installation mit Kofferskulptur auf dem Alten St. Matthäus-Kirchhof in Berlin. © 2021 MML

Friedhöfe sind Speicher der Erinnerung, Orte, die aus der Zeit und aus dem Alltag hinausführen zu rational nicht fassbaren, transzendenten Begegnungen mit Verstorbenen, die wir liebten, kannten oder auch nicht. Es gibt Tote, die uns mit ihrem Namen rufen, mit ihren Grabinschriften etwas über ihr Leben erzählen, gegen das Vergessen sich erheben, mit uns Lebenden kommunizieren wollen auf geheimnisvolle, unerklärlich-mystische Weise. Daraus wird ein Gespräch in einer gleichsam zeitlosen Gegenwart, in einer von der Natur und vom Menschen geschaffenen Ruhesphäre, die den poetischen Sinn in uns weckt. Der in dieser Verfassung begonnene Dialog mit den Verstorbenen, deren Seelen für uns lebendig bleiben, verlangt ein wie auch immer geartetes Echo, birgt Trost und Zuspruch. Er lässt manchmal sogar große Gedanken in uns aufsteigen, die uns etwas weiser und gelassener machen können, wenn wir ihnen nachgeben und uns mit unserer eigenen Sterblichkeit anfreunden und versöhnen. Liebe und Tod sind immer wieder die verschwisterten Themen, die mir in den Inschriften auf den Gräbern begegnet sind und in vielen Variationen auf oft ergreifende Art den unauflöslichen Zusammenhang zwischen *Eros* und *Thanatos* aufscheinen lassen, in Bildern, Figuren und Worten, die sich in unser Gedächtnis und Bewusstsein einprägen oder einschreiben.

Bin ich deshalb ein Nekromant oder nekrophil, nur weil ich auf Friedhöfen nach den Stimmen der Vergangenheit fahnde, die Wirklichkeit hinter dem Sichtbaren suche, wo die Seele weiterexistiert und auf meine Ansprache und den geheimen Austausch wartet? Von diesen geistigen Vorgängen ahnen allerdings nur die Menschen etwas, die selber den Tod von Angehörigen erlitten, aber das Andenken weiter pflegen und den Kontakt mit ihnen nicht aufgeben.

Im März 2021 schrieb ich nach dem Besuch des Grabes von Max Bruch, dem großen deutsch-jüdischen Komponisten der Romantik, auf dem St. Matthäus-Friedhof in Berlin eine lyrische Skizze nieder, nachdem ich zwischen den Gräbern flanierend einige schöne Grabinschriften gelesen hatte. Zuhause entwickelte ich aus dem Gesehenen und den Gedanken darüber dieses meditative Friedhofsgedicht in spe:

„Wer ruft mich diesmal aus der Stille?
Soll ich unbewussten Zeichen folgen
Gelassen alles Irdische verneinen?
Find ich den Frieden hinter hohen Mauern
versunken im Seelenschattenhain?

Von Epitaphen lächeln frühverblassten Traumes Genien
Doch spüre Leben ich im Angesicht der Todesengel
Dass nur ein kleiner Schritt es ist von hier nach da
Wie schnell vorbei es rauscht das allzu kurze Leben
Dann werden wir am immergrünen Ufer wandeln

Uns Unverzagte schützt die Liebe aller Menschen
Die uns kannten und begleiten hier wie dort
Der Menschen Herzen werden immer uns erreichen
Über unsres Angedenkens Brücke
Erst dann erschließen Chiffren sich in ihrem Sinn
Und rufen Existenzen sich zurück in unsere Zeit
Dann hallen Stimmen aus verwaisten Mausoleen

Wer will die Botschaft denn entziffern
Auf umgestürztem Stein und bleichen Alabasterurnen?
Ein Wort erwacht zu neuem Lebenstraum
In dem Du selbst Dich wiederfindest
Dich verwandelst jetzt und ewig
und dem Staub die Stirne bietest.“

RÜCKKEHR ZU HERMES   Kleiner ‚geflügelter' Epilog

Die letzte Reise ist für mich eine mit mythischen Vorstellungen und kulturellen Bildern beladene Reise, die in gewisser Weise zurück zum Ursprung, zum Uranfang führt. Wer wird uns begleiten und behüten auf dieser Fahrt ins unbekannte Reich, von dem es keine Wiederkehr gibt? Nennen wir den geheimnisvollen Totenführer ins Jenseits mit Namen, wo er doch keinen Namen braucht? Müssen wir ihn noch beschwören, in Gebeten anrufen, wo er seit Ewigkeiten der zuverlässige Gebieter und Lenker ist, der unsterbliche geflügelte Gott, der uns auch durch unser Leben auf unbegreifliche Weise geleitet hat?

Lange habe ich nach etwas gesucht, das für mich die transzendente Qualität des Reisens, die immer wieder unverhoffte göttliche Gegenwart symbolisch-mythisch abbildet. Ich bin dabei auf eine kleine Bronzestatue gestoßen, die seit vielen Jahren wie ein Schutzgeist unser Berliner Wohnzimmer überblickt und schirmt. Es ist eine Statuette des Gottes Hermes, die ich vor vielen Jahren einmal als Replik im Rheinischen Landesmuseum in Bonn erwarb, während ich mit einer Schar französischer Kulturreisender auf einer Rheinkreuzfahrt war.

Die *geflügelte Ferse* oder der Flügelschuh ist eines der Attribute des späteren olympischen Gottes Hermes. Er ist in seiner Mission, Botschaften von den Göttern zu den Menschen zu bringen, unentwegt unterwegs zwischen Himmel und Erde, von daher also prädestiniert für den Schutz der Händler, Kaufleute und Reisenden. Hermes sorgt sich um die Sicherheit der Reisewege. An markanten Stellen waren im antiken Hellas Wegmarken, kultische Denksteine oder Reisealtäre aufgestellt worden, die sogenannten *Hermen*, die diesem Gott gewidmet waren.

Gerhart Hauptmann schrieb 1909 in seinen Reisememoiren *Griechischer Frühling* in Betrachtung der berühmten Statue des Hermes von Praxiteles: *Ambrosische Sohlen sind immer zwischen ihm und der Erde gewesen* und rühmte die *unverletzliche, olympisch-weltferne Ruhe und Heiterkeit* auf dessen Antlitz.

Die „seltsam beflügelten Fersen Merkurs" sind in einem der frühen Gedichte der jüngst verstorbenen österreichischen Dichterin Friederike Mayröcker zu ei-

Der ruhende Hermes aus dem Garten der Villa Achilleion auf Korfu. Bronzereplik des griechischen Originals von Lysippos. © MML 2020

nem Denkbild geworden, in dem sich das Verhältnis zwischen Leben und Dichtung, Traum und Wirklichkeit in „ahnungsvoll erwartender" Achtsamkeit und aufmerksamer Bewegung klärt. Möge die große, wortverspielte Dichterin in stiller Würde in das ewige Reich der Musen eingehen, das sie so oft besungen hat, und dort weiterwirken! [12]

Weitere Attribute des Götterboten sind das *Kerykeion*, von griech. Keryx = Bote, eine Art Heroldstab, den er von Apollon erhielt und der mit Flügeln versehene Hut, der sogenannte *Petasos*. Er wird als sehr freiheitsliebend beschrieben und soll mit seinen Einfällen und Streichen nicht nur Sterbliche, sondern auch Unsterbliche genarrt haben. Seinem verspielten Genius verdanken wir nach einer Überlieferung die Erfindung der Lyra, die er aus dem Panzer der Schildkröte ge-

12   Zit. n. Gerhart Hauptmann: Griechischer Frühling. Berlin 1909. Vgl. das Gedicht „Wo du auch hingehst". In: Friederike Mayröcker: Ausgewählte Gedichte 1944-1978. Frankfurt 1979.

schaffen haben soll. Die Schildpatt-Leier gab er als Versöhnungsgeschenk seinem Bruder *Apollon*, der als Musenbeschützer seitdem dieses kostbare Saiteninstrument auf dem Parnassos trägt. Der Heros, der den Göttern Botschaften überbrachte, hat auch den Menschen Kultur und Weisheit vermittelt. Als solcher wurde er schon im Altertum verehrt, vorwiegend im Mittelmeerraum, sowohl von Kaufleuten, einfachen Hirten, listenreichen Dieben als auch von gelehrten Astrologen und Philosophen. Letztere sahen in Hermes den Erfinder nützlicher Wissenschaften und Kunstfertigkeiten. Er soll dem Menschen, nicht zuletzt inspiriert vom An- blick fliegender Kraniche, die ersten Buchstaben gebracht haben. Schon früh wurde er der Schutzherr der Literatur, der Künste und des Weissagens, das er an der Lage und Bewegung von Kieselsteinen im Wasser übte, wie überliefert wird.

Der Mythenforscher Sergius Golowin fasste in seinem Kompendium *Die gro- ßen Mythen der Menschheit* einige besondere Eigenschaften des schlauen Göt- terboten zusammen:

Rasch in Gedanken und Taten, worauf die Flügel an seinem Hut und den Füßen hin- weisen, bringt Hermes die Botschaften der Götter aus dem Jenseits zu uns und beglei- tet umgekehrt die Seelen der Menschen ins Jenseits. Denn auch der Tod selber wurde von den Alten als Weg zu neuen Erkenntnissen gedeutet. [13]

Hermes ist der weltgewandte Beweger und Mittler, der ewig Reisende und Lernende, der an keinen festen Ort gebunden ist, eine Art göttlicher Nomade. Ihm wird „das glückliche Finden (griech. ‚hérmaion‘) auf geistigem Gebiet" zuge- schrieben, *das Auslegen und Erklären* (‚hermeneia‘), *das in der Praxis für den Redner von großem Wert war* (Herbert Hunger). Das ließ Hermes auch zum Schutzpa- tron der Redner werden. Etymologisch geht unter anderem die Lehre der phi- losophischen Hermeneutik, der Wissenschaft von der Interpretation und dem Verständnis der Texte, auf die Weisheit des göttlichen Hermes und eines seiner philosophischen Nachfahren, den im Mittelalter hochgeschätzten *Hermes Trisme-*

---

13   Vgl. Sergius Golowin: Die großen Mythen der Menschheit. München 2002. Mit freundlicher Genehmigung des Orbis-Verlags.

gistos, zurück. Dieser, der ägyptischen Mysterien-Weisheiten kundige Astrologe und Alchemist galt als Verfasser vieler ‚hermetischer' Schriften. Von ihm stammt die dialektische Erkenntnis: *Alles ist zwiefach, alles hat zwei Pole, alles hat sein Paar von Gegensätzlichkeiten; gleich und ungleich ist dasselbe; Gegensätze sind identisch in der Natur, nur verschieden im Grad; alle Widersprüche können letztlich miteinander in Einklang gebracht werden.* [14]

Rainer Maria Rilke näherte sich weniger hermetisch als lyrisch-einfühlsam dem tragischen Geschehen um Eurydike und dem sie in die Unterwelt begleitenden Boten, inspiriert von dem berühmten Grabrelief in Neapel, in seinem dichterisch-plastischen Opus ***Orpheus. Eurydike. Hermes***:

> Den Gott des Ganges und der weiten Botschaft,
> die Reisehaube über hellen Augen,
> den schlanken Stab hertragend vor dem Leibe
> und flügelschlagend an den Fußgelenken;(…) [15]

Diesem treuen Boten und Beschützer der Reisenden verdanken wir möglicherweise viele der geschilderten Reise-Lichtblicke und bedeutsamen Erlebnisse, die uns gewährt wurden, ohne zu ahnen, welche Kräfte in der scheinbar zufälligen Zusammenfügung von Ereignissen und Begegnungen sich zu unseren Gunsten ausgewirkt haben. Daher möge sein vermittelnder Geist und die hoffentlich „diebische Freude" ansteckend wirken für das weitergehende und inspirierende Gespräch, den fruchtbaren Austausch zwischen dem Autor und seinen Lesern und Leserinnen über das vorliegende Buch hinaus.

---

14   Ein modernes Echo hermetischer Gedanken lässt sich in der italienischen Lyrik des „Ermetismo" erkennen, bei Ungaretti und Quasimodo. Im „Hermetismus" sprechen wir demnach von „auslegungsbedürftigen", chiffrierten Gedichten, deren Botschaft von ihren Autoren (u.a. Gottfried Benn, Paul Celan, Ernst Meister) in kunstvolle Metaphern und Symbole gekleidet wurde.

15   Zit. n. Rainer Maria Rilke: Gedichte. Das zitierte Gedicht findet sich in den Neuen Gedichten von 1907. Frankfurt a. M. 2008, S. 255. Mit freundlicher Genehmigung des Fischer Taschenbuch Verlages.

Großes Zeitalter, hier sind wir. Abendfrische auf den Anhöhen,
Atem der Weite auf allen Schwellen, entblößt unsere Stirnen
Den freiesten Sphären.
SAINT-JOHN PERSE, **Chronik** (übers. v. Verf.) [16]

ZWISCHEN NOSTALGIE UND ZUKUNFTSHOFFNUNG: DER „GEFLÜGELTE" KOFFER

Gestern nahm ich nach langer Zeit den alten verstaubten Lederkoffer aus dem
Nachlass meiner Großmutter vom Schrank. Mehrere Jahrzehnte hatte er auf dem
Speicher eines Bauernhauses in der Nähe von Traunstein in Oberbayern überdauert. Dann gelangte er durch den Verkauf des Hauses und die damit verbundene
Räumung des Speichers in meinen Berliner Hausstand. Ein paar alte Bilder, ge-
rahmte und ungerahmte, hatte ich nachher darin verstaut unter leicht verblassten Kunstpostern. Dieser Koffer stammt vermutlich noch aus der Zeit vor dem
Zweiten Weltkrieg. Das ist an den vielen bunten Hoteletiketten abzulesen, die
damals auf der Vorderseite des Koffers aufgeklebt wurden und ein etwas nost-
algisches Bild vom Hoteltourismus vergangener Zeiten vermitteln. Man stellt
sich vor, der Koffer ist an der Rezeption angenommen und vom Hotel-Boy auf
das Zimmer gebracht worden. Bei der Annahme, auf einer Teakholzablage hat
er dann sein originelles Emblem, den hoteltypischen Aufkleber verpasst bekommen, vielleicht von einer behandschuhten Empfangsdame mit Hut. So schmücken diesen Koffer nicht ganz unversehrte Aufkleber vom Hotel Continental in
Rom, vom Hotel Albert I. in Brüssel, der Pension St. Anton am Arlberg, vom
Palace Hotel in Rio de Janeiro, dem Beau Rivage in Venedig, dem Berner Hof

---

16   „Grand âge, nous voici. Fraîcheur du soir sur les hauteurs
      Souffle du large sur tous les seuils, et nos fronts mis à nu
      pour de plus vastes cirques."
S.-J. P.: Chronique (1960), zit. n. S.-J. P.: Oeuvres complètes (Bibliothèque de la Pléiade), S. 389.

in Interlaken, dem Schweizer Hof in Zürich und schließlich von der Grande Albergo Centrale Corona in Catania. Bei dem letzten Hotel mit dem Zusatz Corona musste ich anfangs schmunzeln. Ein Corona-Hotel? Hat es vielleicht mit dem gekrönten Adel zu tun, der sich dort niederließ? Corona bedeutet ja einfach Krone. Doch von diesen feierlichen Gedanken, aus den durch die klangvollen Namen der Hotels wachgerufenen, mehr oder weniger erlesenen Reisefantasien kam ich schnell wieder zurück zur aktuellen Reisemisere und der von Corona kontaminierten Realität unserer Tage. Nichtsdestoweniger bedeuteten die Reisen, von denen diese Zeugen besserer Zeiten künden, für die privilegierten Gäste die Umarmung von Luxus und Pracht der alten Grand Hotels, in denen sie fast wie Könige oder Fürsten residierten und sich hofieren ließen, wo es nur ging. In Südostasien, aber auch in der Schweiz gibt es noch heute solche legendären Hotelpaläste aus goldenen Zeiten des Nobeltourismus, die aber auch vorübergehend ihre Pforten schließen mussten. Was bedeutet diese Art von Touristenembargo für den üppigen Personalapparat, diesen Hofstaat, der sonst sich um alle Belange der Reisenden sorgsam kümmern muss und die Herrschaften von vorne bis hinten verwöhnen darf? Sie alle waren nun vielleicht degradiert zu Unterhaltsarbeiten oder zur Untätigkeit, nicht selten zur Arbeitslosigkeit verdammt, im schlimmsten Fall der Existenzgrundlage beraubt. Jeden Tag mögen diese emsigen Arbeitskräfte, die nicht immer zu sehen sind, sich fragen, wann es wohl wieder losgehe und wann ihre Exzellenz und Dienstbarkeit wieder gefragt sei? Aber auch die kleineren Hotels und Pensionen sind genauso hart von diesem Einschnitt betroffen und quälen sich mit den gravierenden Folgen der Reisekrise. Mit bedauernden Gedanken trug ich den leeren Koffer auf den Balkon, schaute zweifelnd auf den Corona-Schriftzug, wobei der ironische Rückblick in die glorreiche Vergangenheit der absoluten Reisefreiheit diesen Moment zunächst etwas erträglicher werden ließ.

Reist Du etwa nach „Balkonien" mit dem Koffer von anno dazumal, rief eine Stimme von drinnen? Siehst du ihn etwa als Sinnbild der Reisesehnsucht vorübergehend zu Hause eingeschlossener Großstädter, die von ihren vergangenen

Reisen zehren und Träume von künftigen Reisen nähren müssen? Bedeutet dieser ins Bewusstsein zurückgeholte „Familienkoffer" für uns am Ende doch ein tröstliches Bild als Memento Mobile der Reiseschicksale unserer Vorfahren? Das resiliente Gepäckstück hat immerhin einen völkermordenden Leviathan von Krieg überlebt. Dann wird er hoffentlich auch den Corona-Alptraum überleben und bald wieder ein „fliegender Koffer" sein. So ermunterten wir uns zu neuem Reisewagemut und ließen den müden, flügellahmen Corona-Koffer in der frühlingshaft-warmen Mittagssonne sich baden und ausruhen.

REISEN ZWISCHEN KRISE UND UTOPIE

Das Jahr mit der symbolträchtig-konsekutiven Zahlenkombination 2021 schließt sich nahtlos an das emblematische Jahr 2020 an, das für unzählige Menschen ein Schicksalsjahr, ein verhängnisvolles Datum bedeutete. Viele haben das vergangene Jahr als das schwärzeste und einschneidendste Jahr seit dem Ende des Zweiten Weltkriegs bezeichnet. Die weiterlaufende Geschichte wird es als Zäsur und mehr noch als Abschied von einer Normalität, von einem unbeschwerten, freien und mobilen Lebensstil bewerten. Vielleicht ist es auch der Anfang einer „pandemischen" Epoche, die mit der Umweltzerstörung, dem Klimawandel und der Globalisierung mit allen ihren problematischen Begleiterscheinungen in Verbindung steht und uns zwingt, umzudenken. Inwieweit sich das Leben von früher wiedereinstellen wird, steht noch in den Sternen. Vieles muss sich fundamental ändern, auch in unserem Konsum- und Reiseverhalten. Ein Buch über Reisen innerhalb der letzten dreißig Jahre in ökonomisch „goldenen" Zeiten des Tourismus zu schreiben in einer nichtsdestoweniger die Reiselust bremsenden Lage, hat notwendigerweise auch etwas Raum zu lassen für kritische Reflexion. Nicht das Reisen an sich soll hier in Frage gestellt werden. Denn das will mir als grundlegendes Bedürfnis erscheinen, egal, ob es den Horizont erweitern hilft oder der Genussbereicherung und Erholung dient. Hier sollte es eher um die

Modalität und Häufigkeit des Reisens gehen, die mit dessen globaler Demokratisierung zusammenhängt und den für immer mehr Menschen erschwinglichen Reisekosten, die es als erstrebenswerte Freizeitbeschäftigung ausgiebig nutzen und nutzen werden. Aber dass durch notorisches Reisen und den im Massentourismus geläufigen, permanenten Konsumhabitus samt exorbitanter Müllproduktion unser Planet und das Klima gefährdet wird, ist evident, doch nicht unvermeidbar, wäre die Einsicht in eine dringend gebotene Verhaltensänderung etwas verbreiterter. Sollen wir also auf viele Fernreisen, reine Shoppingreisen ins Ausland, inländische Flüge und Instagram-Fotoreisen verzichten, uns folglich dem sinnlosen, umweltschädlichen Reisekonsum enthalten? Wenn sich auch gesellschaftlich das Bewusstsein entwickelt, dass ein Reisen wie zuvor destruktiv sich auswirken wird, aber ein umweltgerechteres, das Klima weniger strapazierendes Reiseverhalten viel bewirken kann, dann werden auch die Touristiker und die Politik sich darauf einstellen müssen. Reiseexzesse sind längst ethisch fragwürdig geworden, insbesondere das Vielfliegen und die ununterbrochenen Ortswechsel durch profitorientierte Geschäftätigkeit. Es ist also ein Gebot des Respekts gegenüber Mutter Erde und den Naturgesetzen, denen auch wir folgen müssen, wenn wir überleben wollen. Aber vor allem schulden wir es unseren Kindern und Enkeln, die die Folgen unseres unbedenklichen Wirschaftens und Reisens tragen müssen, dass wir endlich ernst machen und handeln. Ein Reiseethos, das von Verantwortungsgefühl und Rücksicht geprägt ist, wird hoffentlich mehr und mehr selbstverständlich werden und sollte es besonders auch in den besserverdienenden Kreisen, die es sich eigentlich finanziell erlauben könnten, viel und weit zu reisen. Verbote helfen dabei sicher wenig, aber vielleicht könnte doch eine an die Vernunft und Einsicht der Reisewilligen appellierende Strategie selbstauferlegter maßvoller Abstinenzmodelle samt ökologisch sinnvollerer Alternativen die Situation etwas verbessern. Auch die Entwicklung des ganzheitlichen Reisens, das immer auch Umwelt, Klima und die Gesellschaft im Zielland im Blick hat, wird eine wichtige Aufgabe für unsere Zeit und die schon beginnende nahe Zukunft sein und bleiben.

Vielleicht wird auch der Radius des Reisens in Zukunft weniger weit gespannt und damit regionaler oder zumindest nationaler werden? Schon im vergangenen Jahr war genug Zeit, den eigenen Wohnort oder ‚Kiez‘ neu zu entdecken, während die eigenen vier Wände weitgehend „ausentdeckt“ sein dürften. Immerhin waren im letzten Jahr einige kleinere Reisen, Fahrten in andere Gegenden der Stadt oder an den Stadtrand möglich. Die Neugier, die ohnehin eine der Grundbedingungen des Reisens und eine für Reisende unverzichtbare Eigenschaft ist, findet auch in der näheren Umgebung ein Experimentierfeld, motiviert zu neuen Erkundungsspaziergängen in der eigenen Stadt, der vertiefte Wertschätzung entgegengebracht wird. Radfahren im Flaneur-Modus in einer Großstadt kann durchaus reizvoll sein, wenn es um eine frische Stadt- und Weltwahrnehmung in Tuchfühlung mit dem Lebendigen geht. Entscheidend ist doch, dass wir nicht erstarren, sondern uns weiterbewegen, innerlich wie äußerlich, und nicht aufhören, uns fortzuentwickeln! So viel hängt von unserer Einstellung ab, mit der wir der fremdartigen Situation begegnen, und unserem Willen, das Positive in der veränderten Lebenslage zu erkennen. So viel Zeit, zur Besinnung zu kommen, hatten die Menschen weltweit schon lange nicht mehr. Wer nicht in diesem überlangen Krisenzeitraum, in dem fast erzwungenen Sabbatjahr zu sich selbst gekommen ist, wann wird er oder sie nochmal im späteren Leben eine solche Chance erhalten? Das, was man wirklich machen und sein will, zu erkennen, zu verstehen und in die Tat umzusetzen, wenn es wirklich realisierbar ist! Nicht mehr nur fleißig geldverdienender Konsument in konventionellen Bahnen sein zu wollen, sondern sich selbst und seine Kreativität von innen heraus zur Entfaltung zu bringen und eben damit etwas widerständiger werden im Umgang mit dem, was von außen auf uns eindringt. Im achtsamen Umgang mit Natur und Tierwelt, mit den Mitmenschen und das menschlich Bereichernde zu suchen und damit zu seinem eigenen intuitiven Wesen zurückzufinden, immer mehr eins mit sich selbst zu werden. Das ist doch eine lohnende Aufgabe, der wir uns früher oder später widmen sollten, auch angesichts eines unweigerlich näher rückenden Abschieds, dessen Stunde wir nicht kennen.

AUFBRUCH UND UNTERWEGSSEIN

Beim Aufbruch zu einer Reise entwickelt sich oft ein besonderer geistig-seelischer wie sinnlicher Erregungszustand, eine Aufnahmebereitschaft, ein verheißungsvolles „Erwachen" der Augen. Es ist das erlebende Wahrnehmen des Neuen, das Eintauchen in fremde Lebenswelten und kurzzeitige Teilhaben am Alltag der Menschen, ohne verpflichtet zu sein, sich an etwas oder jemanden zu binden. Das Reisen kann uns unter Umständen die Illusion einer fast grenzenlosen Freiheit vermitteln, die Utopie einer Lebensfreiheit, wenn sie auch nicht lange anhält. Diese Freiheit aufzubrechen, wohin wir wollen, trägt neben der Neugier, eine große Entdeckerfreude in sich. Morgens mit dem Aufgang der Sonne freudig aufzustehen, wenn im Frühlicht die Essenzen und Düfte in der Luft sich verteilen und verströmen, erste Gedanken erwachen, Pläne geschmiedet werden und ein neuer Reisetag seinen Lauf nimmt. Die Erinnerung an unzählige Morgendämmerungen in den asiatischen Ländern, die ich bereisen durfte, an diese milchige, noch im Diffusen, in der Schwebe befindliche Atmosphäre, lebt in mir weiter. Die Hoffnung auf besondere Ereignisse, Begegnungen, unerwartete Fügungen und nie gesehene Schönheiten erneuerte sich stets und entfachte diesen poetischen Rauschzustand, den ich über viele Jahre immer wieder gesucht und kultiviert habe. Es war dieses Gefühl, vom Augenblick erotisiert, magnetisiert zu sein, als ein allem Geschehen, allen Gefahren ausgesetzter Reisender, der versucht, die Zügel der Fortbewegung, die Entscheidung zur Weiterreise, zum „Erobern" neuer Länder und Orte in flexiblen Händen zu halten. Reisen zu empfinden als innerlich verjüngendes Lebenselixier, als unverzichtbare „Nomadennahrung" und doch in allem Nomadischen, Umherziehen, in diesem chronisch Expansiven des Seins den letzten Zielpunkt nicht aus den Augen zu verlieren, dieses endlich wieder Heimkehren, sich irgendwo dann doch Heimisch-Fühlen, die Vertrautheit mit einem bestimmten Ort, der einem eine eigenartige, aber nicht einengende Geborgenheit und Intimität schenkt. Einmal ankommen, wenn das Ziel aller Reisen erreicht ist, die Neugier befriedigt, die Sehnsucht gestillt und die Seele erfüllt ist. Dann wird endlich die Rückkehr einsetzen, die Gnade der Heimkehr gewährt, nach langen Jahren des Wanderns, des Umherirrens und Schweifens, so wie ein beladenes Schiff nach langer Reise in den windstillen Hafen einfährt und ankommt. Das müsste ein heiliger Moment für den Lebensreisenden sein, in dessen Intensität alle schönen und schrecklichen Erinnerungen an erlebte und vergangene Zeiten einfließen, Gefühle lebendig werden und langsam der Geist sich klärt, beruhigt und zu sich kommt. Dieser Zustand lässt sich mit Worten nur unzureichend beschreiben, er ist gelebte und damit vollkommen einverleibte Poesie, eine Art Epiphanie oder Aufgehoben-Sein, das Wirklichkeit wird, aber eben eine anders gültige Wirklichkeit, eine innere, geistige Wirklichkeit, die einem zur Wahrheit im subjektiven Sinn wird. Das ist nach meiner Auffassung auch der tiefere Sinn des berühmten Gedichts „*Ithaka*", der sich in dem darin beschworenen Akt der Bewusstwerdung und Erkenntnis des Menschen am Ende seiner Lebensreise erschließt. *Dort anzukommen ist dir vorbestimmt*, so einfach und tröstlich hat es der griechische Dichter Konstantinos Kavafis ausgedrückt und damit die Quintessenz allen Reisens in unvergessliche Verse gekleidet:

Ithaka, KONSTANTIN KAVAFIS (1863-1933)

Brichst du auf gen Ithaka,
so wünsch dir eine lange Fahrt,
voller Abenteuer, voller Erkenntnisse.
Die Lästrygonen und Zyklopen,
den zornigen Poseidon fürchte nicht,
solcherlei wirst du auf deiner Fahrt nie finden,
wenn hochgesinnt dein Denken, wenn edle
Regung deinen Geist anrührt und den Körper.
Den Lästrygonen und Zyklopen,
dem wütenden Poseidon wirst du nicht begegnen,
wenn du sie nicht in deiner Seele trägst,

wenn deine Seele sie nicht vor dir errichtet.

So wünsch dir eine lange Fahrt.

Der Sommer Morgen mögen viele sein,

da du, mit welchem Glücksgefühl und welcher Freude

in nie zuvor erblickte Häfen einfährst;

halt ein bei Handelsplätzen der Phönizier

die schönen Waren zu erwerben,

Perlmutter und Korallen, Bernstein, Ebenholz

Und erregende Essenzen aller Art,

so reichlich du vermagst, erregende Essenzen;

besuche viele Städte in Ägypten,

damit du von den Eingeweihten lernst und wieder lernst.

Stets behalte Ithaka im Sinn.

Dort anzukommen ist dein Ziel.

Aber eile deine Reise nicht,

Besser ist, sie dauert viele Jahre;

Und alt geworden lege auf der Insel an,

und reich an dem, was du auf deiner Fahrt gewannst,

und hoffe nicht, dass Ithaka dir Reichtum gibt.

Ithaka gab dir die schöne Reise.

Du wärst ohne Ithaka nicht auf die Fahrt gegangen.

Mehr hat es dir nicht zu geben.

Auch wenn es sich dir ärmlich zeigt,

Ithaka betrog dich nicht.

So weise, wie du wurdest, und in solchem Maß erfahren,

wirst du ohnehin verstanden haben,

was die Ithakas bedeuten. [17]

---

17   Zit. n. Konstantinos Kavafis: Gedichte. Neue, von Danae Coulmas durchgesehene Fassung der 2009 beim Romiosini-Verlag erschienenen fünften Ausgabe Brichst du auf gen Ithaka. A. d. Griech.

Irgendwie sind wir doch alle als europäische Reisende Nachfahren des Odysseus, welcher so vieler Menschen Städte und Länder, große und kleine Eilande im Mittelmeer gesehen hat, welcher so viel geirrt ist auf diesem Planeten, auf dem es keine Ruhe und kein Stillstehen gibt. Immer wieder müssen wir wie der homerische Held aufbrechen und uns neuen Gefahren aussetzen. Die in der Odyssee mythisch vorgestellten Reisewege und Geschichten haben reiselustige und gelehrte Autoren wie Ernle Bradford geografisch geortet oder wie Wolfgang Geisthövel homerische Reisebilder „unterwegs mit Odysseus durch das Mittelmeer" mit literarischen Streifzügen verknüpft. Inspiriert von diesen literarischen Vorlagen durfte ich vor Jahren als Lektor und Reiseleiter an einer vom Berliner Reiseveranstalter Windrose organisierten Mittelmeerkreuzfahrt teilnehmen, bei der wir viele der Stationen der Odyssee mit dem Hamburger Segelschiff *Sea-Cloud II* bereist haben. Wer könnte jemals die unglaublichen Morgendämmerungen und Sonnenuntergänge auf hoher See vergessen, den einzigartigen Blick auf die Gestade der Liparischen Inseln und andere Inselperlen im Tyrrhenischen Meer?

Den *Blick des Odysseus* nannte der große Autorenfilmemacher und Regisseur Theo Angelopoulos seinen 1995 gedrehten melancholischen Film, dessen einprägsamste Bilder mit dem Donau-Fluss verwoben sind. Harvey Keitel spielt den reisenden Filmemacher, der auf der Suche nach verschollenem Filmmaterial aus Amerika in seine griechische Heimat zurückkehrt. Er lässt sich in einer langen Sequenz auf einem Lastkahn treiben, auf dem eine zerlegte Leninstatue liegt. Es ist die Dämmerung aller Ideologien, das Ende der Utopien schlechthin. Wie in Zeitlupe werden diese Bilder zur Meditation über die Vergänglichkeit und auch die Vergeblichkeit des Willens zur Weltverbesserung. Wird dieser moderne Odysseus je zu Hause ankommen? Es herrscht Krieg, und überall sind die Menschen auf der Flucht oder gezwungen, ins Exil zu gehen. Aber abseits

Übers. von W. Josing, S.21 ff. Mit freundlicher Genehmigung des Centrum Modernes Griechenland der FU Berlin, das die neue Ausgabe der Gedichte von Kavafis betreut (ISBN: 978-3-946142-69-0) und Dank an Kostas Kosmas. Vgl. auch The Kavafis Project, die Internetseite www.kavafis.de und die vielsprachigen Vertonungen des Gedichts.

AUFBRUCH UND UNTERWEGSSEIN   169

der gescheiterten Utopien ist diese poetische Reise in die Erinnerung, unterstützt
von den wehmütigen Klängen der Filmmusik von Eleni Karaindrouden, eine
Allegorie des Lebens am Ende des 20. Jahrhunderts, ein Abschied ohne Wiederkehr, aber voller Verlust.

Sein Landsmann Nikos Kazantsakis lässt hingegen in seiner modernen, Ho-
mers Epos fortschreibenden, gleichnamigen *Odyssee* seinen Helden nach der
absoluten Freiheit suchen, und dabei die Dissonanzen und Irrungen der tech-
nisierten Fortschrittswelt erleiden. Am Ende des 24. Gesangs stirbt der gereifte,
geistig vollendete Held:

> der große Geist schwang sich empor zu seiner heilgen
> Freiheit Gipfel, er ließ die leeren Flügel spielen, schnellte
> aufwärts in die Lüfte und ward vom letzten Käfige, von
> seiner eignen Freiheit frei. [18]

Für den Renaissancedichter Joachim Du Bellay ist in seinem berühmten Sonett mit
der vielzitierten Anfangszeile *Heureux qui, comme Ulysse, a fait un beau voyage,*(…)
die Heimkehr von seinen „stolzen Reisen" die beglückendste Erfahrung, vor allem
wenn die Fremde dem Vielgereisten „Lebensart und Weisheit" eingebracht hat. Wie
glücklich ist der Mensch, der unversehrt und innerlich gereift von seinen Reisen
in ein liebevoll ihn aufnehmendes Zuhause zurückkehrt, wo er die Früchte seiner
Fahrten in Erzählungen und Erinnerungen mit den Seinen zu teilen die Muße hat!

---

18   Zit. n. der Übersetzung von Gustav A. Conradi in Nikos Kazantzakis: Odyssee. Ein modernes
Epos, Berlin: Elfenbein Verlag 2017, S. 1461 (mit freundlicher Genehmigung des Verlags).

Sonnenuntergang im Herbst hinter der Siegessäule im Tiergarten. © MML 2020

DIE HEIMKEHR

> „Am Ende der Zeit schlafen alle Reisenden.
> Die Heimat wartet, das Ende der Zeit."
> **UWE KOLBE** [19]

Auf einer dieser verwitterten grünen Bänke sitze ich am Ufer der ruhig vorbeiflie-
ßenden Spree und sehe die vergoldeten Flügel der Siegesgöttin aufglänzen durch
das Dickicht kahler Zweige am Rand des Tiergartens. Die hoch aufragende Weg-
marke, das scheinbar selbstgenügsame Zeichen, das über historische Ereignisse

---

19   Uwe Kolbe, Am Ende der Zeit. In: U. K.: Bornholm II Gedichte, Berlin: Aufbau Verlag 1986,
S. 87 (Mit freundlicher Genehmigung des Autors).

und sich selbst weit hinausweist, ist die Verherrlichung der triumphierenden Siegesgöttin inmitten der Stadt. Der zweifach geflügelte Herold, der himmlische Siegesbote und Schutzgott der Reisenden ist ihr in seinem Elan nahe. Uns Zeitgenossen grüßt sie wie eh' und je mit dem Schwung ihres übermächtigen Flügelpaares. Sollte sie nicht auch etwas Zeitloses verkörpern, etwas Göttliches im Sichtbaren? Dafür steht sie doch schließlich auf einer Säule, fast wie im alten Rom, wo Kaiser Trajan und dessen Nachfolger diese in den Himmel sich hinaufschraubenden Säulen aufrichten ließen, deren kunstvolle Reliefs ihre Triumphe feierten und Niederlagen verschwiegen? Sie hat die Zeiten und Kriege überdauert, auch wenn sie ihren ursprünglichen Standort längst verändert hat.

Warum wollte ich also letztlich heimkehren? Um in die Geborgenheit eines urbanen Netzwerks aus liebgewordenen Zeichen und Gestalten wieder einzutauchen? Ist es notwendig und richtig, aus der Unrast, der überbeschleunigten Bewegung einmal wieder auszuscheren?

Die geflügelte Ferse

Wohin tragt ihr mich
Ihr weissen Wolken
Wandernd
Von Wiederkehr zu Wiederkehr
Wohin tragt ihr die Augen und den Fuß?
In welche neuen Länder oder Kontinente?
Rastlos schlägt der Puls
Mir in den Adern
Dass mir die Haftung fast verlorenging
Auf unentwegten Fahrten in die Ferne
Doch ruhend auf dem weiten Wege
Mit der geflügelten Ferse
Im Anschlag

Dem flinken Götterboten ähnlich
Lege ich Dir sanfte Worte ins Gemüt
Der Einkehr und Andacht
Des Aufbruchs und der Ankunft
Der Wiederkehr und letzten Reise
Zu einem Hafen nicht von dieser Welt

War es das, was mich am Ende bewog, zurückzukehren, das heimische Viertel nach langer Abwesenheit zu durchfahren, das überalterte Jahrhundertwendehaus zu betreten, das mit schmiedeeisernen Balkongittern geschmückte Gebäude, das nur wenige Jahre jünger war als die nach Westen ausgerichtete Statue, die ihre unveränderliche Kraft und Präsenz deutlich glamouröser in den wolkendurchzogenen Himmel über Berlin versendet? Vor allem, um mich wieder den geliebten Menschen, die mir am nächsten stehen, das heißt meiner treuen Familie zu widmen, die das alltägliche Leben mit mir teilt, wenn alle Reiseeuphorie verflogen ist. Warum und wovor sollte ich also noch fliehen und vor allem wohin? *Bleiben ist nirgends* hatte Rilke einmal gedichtet, doch das *Wohnen im Gewoge* kann leicht in Heimatlosigkeit oder Entwurzelung münden. Insofern mag es gut und vernünftig sein, nach dem unsteten Unterwegssein, den unberechenbaren Abenteuern draußen in der Welt, endlich heimzukehren und vertiefende Ruhe in der Sesshaftigkeit zu finden. Doch das ist sicher nicht der Weisheit letzter Schluss, und jeder Mensch muss das für sich und immer wieder neu in der jeweiligen Lebensphase selbst individuell entscheiden.

Spazieren und sich verlieren im erwachenden, von Schnee und Eis sich erholenden Tiergarten, die alten Brücken überqueren. Blitzende Symbole der Historie und der Transzendenz leuchten hier und da auf. Ich lasse sie und die Naturszenerie auf mich wirken, möchte tanzen in ihrem Reigen und mich verjüngen. Was uns auch immer widerfahren möge, wir wollen die Reise zum Unbekannten, den Weg zum Ewigen gelassen fortsetzen und friedlich den Abschied täglich vorwegnehmend feiern, in der unvergänglichen Stille des uns umarmenden Weltalls,

Sonnenuhr in Saarbrücken. © MML 2016

durch dessen Unermesslichkeit unsere blauleuchtende Erde mit ihren vergäng-
lichen, allzu fragilen Bewohnern ihre endlichen Kreise zu drehen bestimmt ist.

Ganz zur Ruhe kommen, nichts denken, nichts suchen, nichts begehren.
Schweben über einem Wolkenmeer; ein Atem, der sich verströmt in die Luft, die
Seele, die in den lichten Äther schwebt. Die Wolken locken wie ferner Schnee
den Blick in die Weite. Keine Heilserwartung im Seelenwindschatten oder woanders, kein Haschen nach mehr. Alles ist immanent im Sein. Die Spanne von
hier nach da: im Nu vergangen, bald ist die Spur verwischt. Was bleibt von dir
und deinem Leben, deinen Gedanken, Worten und Taten?

Die Himmel blauen unaufhörlich und die Erde zirkuliert, auch ohne dich,
auch ohne uns. Ein Wort, ein Vers, ein Herzgedicht, ein Seelenhaiku wie ein Blitz,
der dich getroffen hat, ein Lied, das nirgends war, erklingt und wird erklingen,
wenn du erinnert wirst. Was löst sich auf? In welche anderen Welten gehst du

ein? Wohin gehören wir, die Reisenden? Das Außen und das Innen ziehen an den Fahrenden vorbei und bleiben nicht stehen. Die Welt vergeht im Augenblick. So hält uns das, was wir nicht halten können. Es fällt uns zu und lässt uns wachsen über diese Welt hinaus.

Folge deinem Stern
Erfülle die Berufung
Alles kommt von selbst

Abschied vom Abschied
Unendlich knüpft sich das Band
Alles fließt zusammen und verklingt

Nur die Liebe bleibt und singt
Auch jenseits aller Zeit
und unserer wunderbaren Erde

DANKSAGUNGEN

Zu großem Dank bin ich meinem Freund, dem Lyriker und Übersetzer **UDO KAWASSER** verpflichtet, der durch sein sachkundiges, engagiertes Lektorat und präzises Korrekturlesen sehr viel zur abschließenden Textredaktion beigetragen hat.

Ein besonderer Dank gilt auch meinem Freund, dem Komponisten und Autor **MATTHIAS KADAR**, für seine hilfreichen Anregungen, Ideen und Überlegungen im schöpferischen Prozess des Schreibens.

Herzlichen Dank auch an meine exzellente grafische Gestalterin, **ZLATA PASALIC**, die großartige Arbeit beim Coverentwurf und Layout des Textes geleistet hat und der *books factory* für ihre professionelle Druckarbeit!

Ich danke auch der Fotokünstlerin **ROSE EISEN** für die Erlaubnis, eines ihrer wunderbaren Armenien-Fotos abdrucken zu dürfen.

Last but not least danke ich meiner Familie, mit der ich alle Höhen und Tiefen des Alltags in der von Corona beschwerten Entstehungszeit des Buches durchlebt habe, für ihre Liebe und ihr Verständnis, vor allem meiner wunderbaren Frau, die mich in großem Maße bei meiner Arbeit unterstützt und beraten hat.

Foto: *zara safaryan-müller* berlin august 2021

MATTHIAS MÜLLER-LENTRODT (*1964) arbeitet freiberuflich als wissenschaftlicher Autor, Kulturjournalist, Dozent und Studienreiseleiter in den romanischen Ländern. 1999 wurde sein erster Gedichtband Ikonen veröffentlicht. 2015 erschien sein illustrierter Haiku-Gedichtband Ewig und ein Tag im Freigeist-Verlag.

2018 hat der Autor zusammen mit seiner Frau **Zara Safaryan-Müller** den Berliner Verlag **CASANOMADE** als Plattform für die Kulturgeschichte des Reisens und interkultureller Beziehungen gegründet und das erste Buch, *Die essbare Lust Kochbuch Armenien* herausgebracht. Im nächsten Buch („*Der geflügelte Stiefel*"- *Italienische Reiseskizzen*) widmet sich der Autor der Erzählung der vielfältigen, mehr als dreißig Jahre umfassenden Italien-Reiseerfahrungen samt römischer Reminiszenzen und Reflexionen zum Werk Pasolinis.